Le Fusible du Fusil – Le Terrorisme comme un Fait Juridique pour l'Application du Droit International Humanitaire

Rogerio Cietto

Published by Rogerio Cietto, 2022.

Le Fusible du Fusil – Le Terrorisme comme un fait juridique pour l'application du Droit International Humanitaire

Publié par Rogerio Paiva Cietto au Draft2Digital

Écoute, Seigneur, ma voix pitoyable. Protège ma vie de la terreur de l'ennemi, protège-moi de la conspiration des méchants, délivre-moi de la multitude des malfaiteurs. Ils aiguisent leur langue comme des épées, tirent des mots empoisonnés comme des flèches, pour tirer, de leur cachette, l'innocent, pour le frapper subitement, sans crainte de rien. Ils s'obstinent dans leurs mauvais desseins, ils cachent en secret comment tendre leurs pièges en disant : Qui nous verra ? Ils planifient des crimes et cachent leurs plans ; insondables sont l'esprit et le cœur de chacun. Mais Dieu les frappe de ses flèches, soudain ils sont blessés. Leur propre langue les a préparés à la ruine. Ceux qui les voient hochent la tête. Par peur, ils prétendent être l'œuvre de Dieu et reconnaissent ce qu'il a fait. Les justes se réjouissent dans le Seigneur et se confient en lui. Et tous ceux qui ont le cœur droit triomphent. Psaumes 63 (64), 2-11

RÉSUMÉ

L'objectif de ce travail est d'étudier le phénomène du terrorisme en tant qu'événement susceptible de modifier le système juridique qui réglemente l'utilisation de la force armée de l'État contre le groupe responsable de l'attaque, afin de garantir la protection juridique nécessaire à l'usage de la violence par l'État visant à garantir la protection de l'État de Droit démocratique menacé. En principe, les concepts d'État et de Nation sont définis, ainsi que l'un de ses piliers, la Souveraineté, et l'usage légitime de la violence contre le citoyen pour assurer le respect de la loi et de l'ordre. Ensuite, nous présentons les deux systèmes juridiques applicables à l'utilisation de la force armée, les Droits de l'Homme et le Droit International Humanitaire. Dans la séquence, nous étudions le phénomène du terrorisme, en particulier la classification de ce crime dans l'ordre juridique. Nous faisons une approche sur la justice locale et internationale, ainsi que sur la justice transitionnelle. Nous présentons les normes juridiques internationales pour réprimer le terrorisme et l'utilisation de normes juridiques par les terroristes pour atteindre leurs objectifs. En fin de compte, nous étudions des cas de groupes terroristes révolutionnaires et nous les comparons avec des groupes criminels qui utilisent le terrorisme avec des intentions révolutionnaires, bien que non déclarées. Ce travail est basé sur des recherches et une bibliographie sur le sujet.

Mots clés: Terrorisme. État de droit. Crimes internationaux. Droit international.

ABSTRACT

The objective of this work is to study the phenomenon of terrorism as an event capable of modifying the legal system that regulates the use of the State's armed force against the group responsible for the attack, in order to guarantee the legal protection necessary for the use of violence so as to guarantee the protection of the democratic State of Law threatened. In principle, the concepts of State and Nation are defined, as well as one of its pillars, Sovereignty, and the legitimate use of violence against the citizen to ensure respect for law and order. Next, we present the two applicable legal systems for the use of armed force, Human Rights and International Humanitarian Law. In the sequence we study the phenomenon of terrorism, especially the classification of this crime within the legal order. We do an approach on local and international justice, as well as transitional justice. We present the international legal norms to suppress terrorism and the use of legal norms by terrorists to achieve their objectives. In the end, we study cases of revolutionary terrorist groups and we compare them with criminal groups that use terrorism with revolutionary intentions, although not declared. This work is based on research and bibliography on the subject.

Keywords: Terrorism. Rule of law. International crimes. International right.

RESUMEN

Este trabajo tiene como objetivo estudiar el fenómeno del terrorismo como evento capaz de modificar el ordenamiento jurídico que regula el uso de la fuerza armada del Estado contra el grupo responsable por el atentado, de forma a garantir la protección jurídica necesaria para el empleo de la violencia estatal visando garantir la protección del Estado Democrático de Derecho amenazado. En principio se definen los conceptos de Estado y Nación, así como uno de sus pilares, la Soberanía, e el uso legítimo de la violencia contra el ciudadano para hacer respetar la ley y la orden. Después presentamos los dos ordenamientos jurídicos aplicables para el uso de la fuerza armada, los Derechos Humanos y el Derecho Internacional Humanitario. En la secuencia estudiamos el fenómeno del terrorismo, en especial la tipificación de este crimen dentro de la orden jurídica. Hacemos un abordaje sobre la justicia local e internacional, así como la justicia transicional. Presentamos las normas jurídicas internacionales para reprimir el terrorismo y el uso de las normas jurídicas por parte de los terroristas para alcanzar sus objetivos. Al final estudiamos casos de grupos terroristas revolucionarios y los comparamos con grupos criminales que usan el terrorismo con intención revolucionaria, aunque no declarada. Esta obra se basa en búsqueda y bibliografía sobre el asunto.

Palabras-llave: Terrorismo. Estado de Derecho. Crímenes internacionales. Derecho Internacional.

TABLE DE MATIÉRES

1. INTRODUCTION

Le fusible est un dispositif de sécurité dans un circuit électrique, dont la fonction est d'interrompre la circulation du courant électrique dans le circuit, lorsqu'il dépasse la limite autorisée par le fusible, empêchant ainsi un court-circuit. Autrefois, il servait à protéger la partie électrique des habitations et a été remplacé par le disjoncteur, qui s'éteint simplement lorsque le courant est supérieur à ce qu'il peut supporter. Aujourd'hui, les fusibles sont largement utilisés dans les appareils domestiques.

Le fusil est une arme à feu portative, dans laquelle la munition est insérée sur le dos, semi-automatique ou automatique, avec un long tube à noyau rayé (pour plus de précision) (Décret 10.030, du 30 septembre 2019, Règlement sur les Produits Contrôlés (R-105), accès le 20 août 2020). Contrairement à un pistolet (arme de défense personnelle), le fusil a une plus grande portée et est plus destructeur, étant l'arme utilisée par les forces armées du monde entier dans les conflits internationaux et non internationaux et même dans les situations de répression contre les groupes criminels et les terroristes.

Tout comme le fusible est utilisé pour protéger la maison contre les excès de courant électrique, le fusil (l'utilisation de la force armée) est utilisé pour protéger un pays contre les tensions politico-juridiques excessives. Le fusible saute pour protéger l'ensemble électronique d'un appareil contre une situation dangereuse. Le fusil entre en scène pour protéger l'ensemble des valeurs politiques, juridiques et même économiques d'une société en danger.

Mais il est facile de mesurer le courant dans un circuit et de concevoir un fusible compatible en fonction de l'utilisation moyenne. En revanche, il n'est pas aisé de trouver un indicateur fiable de l'emploi des forces armées dans les différentes situations politiques et juridiques de tension d'une société. Entre paix durable et génocide, il y a un nuage d'hypothèses de tensions internes, causées par des éléments naturels et anthropologiques, voire le mélange des deux.

Pourquoi cette définition est-elle importante ? Car à partir de là, le régime juridique applicable sera défini pour légitimer l'usage de la force. En bref, pour les situations de normalité institutionnelle (y compris les troubles internes, la lutte et la prévention de la criminalité et les manifestations politiques), les règles des droits de l'homme (DH) sont applicables. Pour les cas d'effondrement institutionnel (coups d'État, révolutions armées et guerres civiles), le droit international humanitaire (DIH) est le plus approprié.

Lorsque la situation est clairement présentée, c'est-à-dire lorsqu'il y a une déclaration expresse d'un groupe de personnes organisées que leur objectif est la prise du pouvoir par la violence, et qu'en fait ce groupe est en mesure de mener à bien sa tentative, nous avoir un conflit armé. Mais il existe des groupes de personnes organisées qui ne déclarent pas leur intention révolutionnaire au public, sont en mesure de prendre le pouvoir, sont en train de le faire progressivement et discrètement, et utilisent les outils juridiques fournis par les droits de l'homme pour atteindre leurs objectifs. .

Par exemple, les autorités étatiques et fédérales brésiliennes ont des preuves que des factions criminelles opérant dans le pays cherchaient déjà à influencer le processus électoral de 2018 dans au moins neuf États, répartis dans les cinq régions du Brésil (disponible sur <https://noticias.uol.com.br/politica/eleicoes/2018/noticias/2018/09/22/crime-organizado-nas-eleicoes-faccoes-criminosas-do-brasil-na-politica.htm> consulté le 20 août 2020). Des organisations criminelles ont tenté d'influencer les élections en finançant illégalement des candidats ou des partis, des candidatures de membres de factions ou de personnes liées à celles-ci, et la capacité de contraindre les électeurs à voter pour des candidats soutenus par ces organisations.

Des enquêteurs de São Paulo et de Rio de Janeiro ont révélé qu'au moins 20 candidats (dix dans chaque État) faisaient l'objet d'une enquête pour des liens présumés avec des factions criminelles telles que CV (Comando Vermelho) et PCC (Primeiro Comando da Capital).

Ces candidats, s'ils sont élus, défendront-ils le désir collectif des Brésiliens de paix, de progrès économique et d'ordre social, ou le désir de leur groupe criminel de projeter leur pouvoir et leur influence pour atteindre leurs sombres objectifs ?

Utiliser la violence armée et le pouvoir économique pour élire des candidats est loin de ce que l'on entend par élections libres, et cette pratique corrompt les fondements de l'État démocratique. En outre, le PCC, en mai 2006, a commis des actes criminels aveugles et systématiques contre la population de São Paulo, qui peuvent être qualifiés d'attaque terroriste en raison de son ampleur et de ses conséquences, dans une rare démonstration de pouvoir (disponible sur <http : //g1.globo.com/sao-paulo/noticia/2016/05/ha-dez-anos-são-paulo-parou-durante-series-de-ataques-contra-policiais-e-civis.html> consulté sur 20 août 2020).

Ces deux groupes criminels (PCC et CV), organisés avec une structure humaine, logistique et financière, ont-ils jamais déclaré vouloir prendre le pouvoir au Brésil, contre la volonté du peuple brésilien ? Il n'y a aucune nouvelle d'une telle déclaration. Ces deux organisations criminelles, par le biais des règles électorales et de l'État de droit brésilien, cherchent-elles à renverser l'État brésilien pour obtenir des avantages pour leurs activités illégales ? La réponse est certainement positif. Ils ne le déclarent pas ouvertement, mais il fait progressivement sa projection de puissance comme dans une révolution typique.

Le terrorisme est un phénomène récent dans l'histoire du Brésil. Le premier cas d'attaque contre la population civile pendant l'État démocratique moderne de 1988 a été perpétré par le PCC en mai 2006, mais cela n'est pas reconnu comme un acte terroriste par le gouvernement, mais comme un acte criminel de droit commun. Le problème est devenu évident après les événements dits majeurs au Brésil, tels que les Jeux Mondiaux Militaires en 2011, la Conférence Rio+20 sur l'Environnement en 2012, la Coupe des Confédérations en 2013, la Journée Mondiale de la Jeunesse en 2013, la Coupe du Monde de la FIFA 2014 et les Jeux olympiques de 2016 ont mis la question du terrorisme au premier plan, non pas à cause d'un manque de ressources ou de renseignements antiterroristes, mais à cause d'un soutien juridique insuffisant.

L'absence de disposition légale pour le crime de terrorisme jusqu'à la promulgation de la loi sur le terrorisme au Brésil (loi 10.260, du 16 mai 2016 (disponible sur <http://www.planalto.gov.br/ ccivil_03/_ato2015-2018) /2016/lei/l13260.htm> consulté le 20 août 2020) n'a pas empêché sa prévention ou sa répression. Même à une époque où il n'existait aucune disposition pour ce type spécifique de crime, ses diverses formes sont décrites dans le Code pénal et dans d'autres lois pénales. Tuer quelqu'un, priver quelqu'un de sa liberté, mettre la vie et la santé de quelqu'un en danger, mettre le feu à quelqu'un, exploser sont des crimes au Brésil depuis 1500.

Le préambule de l'actuelle loi sur le terrorisme au Brésil établit qu'« elle réglemente les dispositions du point XLIII de l'art. 5 de la Constitution fédérale, disciplinant le terrorisme, respectant les dispositions d'enquête et de procédure et reformulant la notion d'organisation terroriste (...) ».

Le paragraphe 2 de l'art. 2 de la loi précitée établit que n'est PAS du terrorisme "la conduite individuelle ou collective de personnes dans des manifestations politiques, sociales, syndicales, religieuses, de classe ou professionnelles, dirigées à des fins sociales ou revendicatives, dans le but d'interroger, de critiquer, de protester ou de soutien, dans le but de défendre les droits, garanties et libertés constitutionnels, sans préjudice de la qualification pénale prévue par la loi ».

On voit que l'intention du législateur à l'époque n'était pas de prévenir, de combattre ou de faire face au terrorisme, mais seulement de le discipliner, c'est-à-dire d'énumérer les cas dans lesquels l'usage de la violence contre des civils dans le but de mettre en œuvre des changements politiques être illégal, laissant place à d'autres hypothèses dans lesquelles le même acte typique de terrorisme ne serait pas qualifié de crime en théorie.

Même après les événements majeurs, la menace terroriste continue parmi les Brésiliens. Le candidat élu à la présidence de la République, Jair Bolsonaro, a été agressé au couteau dans la ville de Juiz de Fora lors de la course présidentielle du 6 septembre 2018, (la veille des célébrations de l'Indépendance) (Disponible sur <https:/ /g1.globo.com/politica/noticia/2019/01/27/chronologia-attentado-contra-jair-bolsonaro.ghtml>, consulté le 20 août 2020). Jusqu'à présent, l'auteur du crime n'a pas été condamné pour des problèmes psychiatriques et il n'y a aucune nouvelle des auteurs du crime. Il est important de noter que l'acte était considéré comme typique d'un loup solitaire, mais l'auteur du crime, un serveur sans emploi fixe, était défendu par cinq avocats renommés de la capitale de l'État, arrivés en avion le jour même de l'attaque. pour faire sa défense.

Le groupe Sociedade Secreta Silvestre (SSS), la branche brésilienne du groupe écoterroriste international Individualistes Tendant à la Sauvagerie (ITS), a posé une bombe devant une église catholique à 50 kilomètres du Palais du Planalto, à la veille de la cérémonie présidentielle en 2018 , et un autre à la gare routière de Brasilia, qui ne fonctionnait pas. Mais ils ont réussi à brûler deux voitures de l'IBAMA (agence fédérale de contrôle de l'environnement) en avril 2019 (Disponible sur <https://veja.abril.com.br/brasil/bolsonaro-terror-capa-veja/> consulté le 20 août 2020) .

La déclaration de belligérance n'est présente dans aucun de ces cas, mais la menace à l'État de droit ne peut être niée. Certes le cas du Brésil n'est pas isolé, d'autres pays ont les mêmes menaces, notamment dans la civilisation occidentale, fondée sur la dignité de la personne humaine et le respect des droits et garanties fondamentaux du citoyen.

S'il n'y a pas de déclaration de belligérance, par au moins une des parties, on ne peut pas dire qu'il y a un conflit armé, donc le DIH ne s'applique pas au cas spécifique, mais le DH. Mais les cas présentés montrent que les DH ne fournissent pas un soutien juridique adéquat lorsque des groupes organisés tentent de renverser l'État de droit à leur profit et utilisent des protections juridiques pour protéger leurs activités illicites.

Ce travail propose une approche holistique de la prévention et de la lutte contre le terrorisme, montrant qu'il y a des moments où un acte qui sème la terreur dans une population dans le but d'attaquer les institutions politiques d'un État apporte un changement dans le système juridique applicable au cas spécifique, du DH au DIH, car une situation d'instabilité institutionnelle peut se transformer en conflit armé si un événement de cette nature se produit.

Pour atteindre cet objectif, une brève présentation des concepts d'État et de Nation s'impose, comment ils naissent et sont reconnus en Droit International, puis nous commentons l'un des aspects les plus importants d'un Etat, la Souveraineté et sa défense, y compris par des moyens violents (recours à la force armée).

Ensuite, nous présentons les normes juridiques applicables à l'usage approprié de la force par l'État en temps de paix (droits de l'homme) et en temps de guerre (droit international humanitaire ou droit international des conflits armés).

La partie centrale du travail consistera à observer objectivement le phénomène du terrorisme, ses éléments constitutifs, ses objectifs principaux et indirects, voire ses tendances à l'heure actuelle, et à poser la question de savoir quel type de crime est le terrorisme, pour mieux comprendre ce est menacé.

L'importance des cours de justice nationales et internationales dans la lutte contre le terrorisme est présentée, ainsi que le travail des commissions vérité et réconciliation chargées de gérer les orientations juridiques et sociales pour la paix dans la période post-conflit, une branche du droit appelée la justice transitionnelle.

Ensuite, nous abordons la législation internationale sur le terrorisme, les efforts de la communauté internationale pour le prévenir et le réprimer, ainsi que des aspects importants de la guerre légale pratiquée par les éléments les moins favorisés d'un conflit armé asymétrique.

En fin de compte, nous exposons des cas de groupes armés révolutionnaires déclarés en Amérique latine, comparés à des groupes criminels qui ne déclarent pas ouvertement leurs intentions révolutionnaires, utilisant à la fois des attaques terroristes pour obtenir un espace médiatique et une projection de puissance, et démontrons que ces derniers sont plus dangereux envers l'état de droit démocratique d'un pays que le premier.

2. ÉTAT ET NATION
2.1 ÉTAT

La notion de pouvoir et son rapport au droit seront analysés dans ce chapitre, pour une explication de l'histoire de ses manifestations, afin de vérifier s'il est possible de lui choisir un détenteur et s'il est nécessaire d'imposer une limitation dans afin de le développer plus tard. Il est nécessaire de comprendre le pouvoir, ainsi que ses statuts, ses limites, sa finalité et sa légitimité, pour mieux cerner les conséquences de son abus, considérant que le pouvoir est partout, ainsi que dans l'air que nous respirons (BOBBIO, 1988, p. 204).

Toutes les sociétés sont organisées politiquement d'une manière ou d'une autre, même les plus primitives. Autrement dit, dans chaque société, il existe des mécanismes établis par lesquels les décisions publiques sont formulées et mises en œuvre. (DALLARI, 1998, p. 34). Dans une compréhension commune, nous pouvons dire que chaque communauté a une sorte de "gouvernement", bien qu'historiquement et géographiquement la structure et le fonctionnement de ces gouvernements varient considérablement. Par rapport à certains d'entre eux, il faudrait abandonner nos idées préconçues sur le sujet pour reconnaître leur existence, car ils ont peu à voir avec ce que nous appelons maintenant le gouvernement. Mais le fait est que personne ne peut le faire sans un minimum d'organisation politique. Une communauté sans elle ne serait pas humaine, mais animale.

Cependant, la prise de conscience qu'il y a toujours un « gouvernement » ne nous suffit pas pour bien réfléchir, car nous devons élargir notre perspective, voire comprendre l'action du gouvernement lui-même. Le moyen le plus simple est peut-être d'utiliser un peu de ce que nous pourrions appeler l'imagination historique. Ainsi, nous imaginerons des situations qui ne se sont peut-être pas produites telles que nous les décrirons, et elles ne se sont certainement pas produites, car nous aurons nécessairement une vision très simplifiée de processus historiques très complexes. Cependant, il ne s'agit pas de déformer l'histoire, mais simplement d'utiliser cette fonction de contour pour rendre certains aspects du sujet plus faciles à comprendre.

Imaginez donc une société primitive, au début de l'histoire, qui servira de modèle. Au début, bien sûr, les hommes n'étaient pas très différents des autres animaux, car leur technologie, c'est-à-dire leurs instruments et leurs moyens de production, était extrêmement précaire. Cependant, l'intelligence, l'utilisation des mots et des mains, en plus d'autres avantages évolutifs, ont déjà marqué notre société comme une collectivité très différente d'un simple groupe de singes supérieurs.

Il est raisonnable de supposer que les premiers dirigeants de cette société étaient simplement les plus forts, qui pouvaient imposer leur volonté aux autres. Cependant, même les membres les plus forts d'un groupe ne peuvent pas affronter tous les autres membres ensemble. Ainsi, les plus forts échangeaient leurs privilèges contre une certaine forme de service communautaire : mener la lutte contre les ennemis humains et animaux, mener la chasse, entre autres. Cependant, avec le passage du temps et l'arrivée des avancées technologiques, il ne suffisait pas d'être le plus fort pour être le leader. Par exemple, si une personne d'une intelligence et d'une habileté supérieures inventait la première arme (une lance primitive ou une hache de pierre), il est évident que la force physique était déjà équilibrée par quelque chose qui l'augmentait considérablement, en plus d'introduire une nouvelle notion spatiale dans l'expérience humaine : l'arme augmente la portée du bras, un fait incompréhensible et intimidant pour les animaux sauvages et menaçant pour l'homme lui-même. Ainsi, dès le début, la technologie a joué un rôle très important dans l'organisation de la société. La maîtrise de la technologie a commencé à permettre l'exercice d'un rôle prédominant dans les décisions collectives : la technologie égalait le pouvoir. Celui qui avait une hache ou des lances avait du pouvoir (BALMOND, 2010).

D'autre part, les progrès technologiques dans des domaines autres que les armes, tels que ceux liés à une production plus efficace de nourriture et de vêtements. Si, à l'origine, les chasseurs-cueilleurs dépendaient des fruits qu'ils pouvaient cueillir et des animaux sauvages qu'ils parvenaient à capturer, leur situation était très précaire. Le "pouvoir" mystérieux était plus concentré dans la nature, car les lances, les pierres et les haches aidaient peu contre l'éventuelle pénurie de gibier ou de plantes comestibles.

Le début de la culture intentionnelle et organisée des plantes comestibles et le pâturage des animaux sont donc des avancées très importantes dans les sociétés primitives. La communauté devient plus forte, mieux à même de résister aux crises naturelles, mieux à même de survivre et d'augmenter sa population, mieux qualifiée pour renforcer sa culture, grâce à l'apport de l'expérience des personnes âgées, qui n'existaient pas auparavant. Le pouvoir n'est pas seulement celui des armes, c'est bien plus celui de celui qui a la technologie de la culture et de l'élevage. Il peut être nécessaire dans notre société primitive de se défendre des voisins prédateurs qui, ne sachant pas élever du bétail ou se planter, décident de piller de force la propriété d'autrui. Cela peut être à l'origine de l'émergence de la profession militaire dans d'innombrables nations.

À leur tour, les progrès technologiques généreront ce que l'on appelle souvent la division sociale du travail. Alors que certains habitants se limitaient à cueillir des fruits sauvages et à tuer des animaux qui avaient le malheur de trouver devant eux un homme armé, le travail de la communauté et probablement la propriété appartenaient à tous, sans grande différence, du fait de la simplicité des tâches. réalisée par la communauté. Avec la culture et le pâturage, la division commence déjà à apparaître. Il faut ajouter de nouvelles avancées technologiques, causées précisément par la culture et le pâturage. Par exemple, de nombreuses plantes domestiquées (blé et maïs, par exemple) dépendaient, pour leur consommation, de la préparation. Il faut non seulement récolter le blé, mais aussi trier et battre les épis, faire de la farine et produire du pain au feu. Ce sont toutes des activités nouvelles, qui s'étendent progressivement à différents secteurs de la communauté, ainsi que des activités générées par le pâturage, telles que la gestion du bétail, l'abattage, l'utilisation des peaux, la conservation de la viande, l'utilisation du lait, etc. De nombreuses activités nécessiteront , pour ainsi dire, des équipes, avec une tendance à former des groupes spéciaux et à constituer une forme (souvent ésotérique) de transmission de connaissances spécialisées aux nouvelles générations. D'autres activités, pour une raison ou une autre, seront dévalorisées ou subordonnées. Enfin, on peut imaginer la complexité des situations à mesure que se développe une société primitive.

Il est important de noter que ce processus de division sociale du travail introduit des conflits d'intérêts dans la communauté auparavant simple. Ainsi, pour un agriculteur, le champ sera un lieu pour semer ; pour un berger, un endroit à devenir pâturage. Celui qui s'approprie, pour lui-même ou pour son groupe familial, des terres défendues de force peut exploiter le travail d'autrui, de ceux qui n'ont pas obtenu de terres utilisables. Quiconque produit du blé pourra l'échanger contre de la viande et vice versa, et la valeur relative de ces biens, désormais transformés en marchandise, sera sans doute arbitrée dans un processus conflictuel. Dès lors, l'intérêt de certains n'est pas nécessairement, comme auparavant, l'intérêt de tous. En effet, il est difficile d'établir ce qui est dans l'intérêt de l'ensemble de la communauté (intérêt public), car ce qui convient à l'un de ses groupes ou sous-groupes internes ne servira pas l'autre, ou le servira moins. A cela s'ajoute un autre fait important : la possibilité d'accumuler des restes, c'est-à-dire des biens en quantité supérieure à ce qui est indispensable à la consommation de leur producteur, qui marquera profondément le profil socio-économique de la société, à travers plusieurs résultats remarquables, tels comme l'accumulation individuelle de richesses et le développement du commerce, activité improductive inimaginable dans une société primitive, et désormais essentielle.

Les conflits d'intérêts provoquent des tensions. La tension ne peut être résolue que par le conflit. La meilleure solution serait de mettre en place un système permettant de résoudre ces conflits de manière harmonieuse et pacifique, par des concessions bénéficiant à toutes les parties prenantes. Cette utopie continue d'être poursuivie à ce jour et, semble-t-il, est loin d'être réalisée. Avant l'existence des institutions supranationales de médiation, les conflits d'intérêts se résolvaient dans l'affrontement, avec la victoire de ceux qui disposaient des instruments les plus efficaces : les technologies utilisées seules ou conjuguées pour imposer leur volonté (BROWNLIE, 2008, p. 56).

Parmi les différentes voies que peut emprunter l'évolution d'une société, imaginez que les conflits fonciers entre éleveurs et agriculteurs aient atteint un tel niveau critique qu'une guerre civile ou similaire se soit déclarée, avec la victoire des bergers par exemple. Immédiatement, les bergers s'organiseraient pour maintenir leur hégémonie et leurs chefs seraient les chefs de toute la communauté. Les intérêts prédominants seraient ceux des bergers et les conflits arbitrés par eux. Les coutumes et les valeurs auraient tendance à anoblir progressivement le pâturage et les activités connexes (telles que l'équitation, la fabrication du fromage, etc.) et à réduire les activités de culture des terres. Les activités nobles pourraient être interdites aux agriculteurs, qui, dans le cas de l'équitation, auraient également l'avantage de ne pas permettre aux dominés de contrôler une puissante arme de combat et un outil utile pour générer des excédents agricoles, le cheval. Les religions pourraient développer des mythes adaptés à la vision du monde des bergers, tels que les dieux bœufs ou les dieux bergers, ou des contes populaires sur deux frères, un berger et un fermier, un noble et un vil, ce qui, d'une certaine manière, se produit avec l'histoire biblique de Caïn et Abel, parce que Dieu a rejeté l'offre du fermier, générant le premier meurtre de l'humanité. En tout cas, l'étude de l'histoire nous montre les chemins empruntés par les différents peuples et leurs conséquences (ROMANI; SCIARETTA, 2011, v. 1, p. 99).

Avec la victoire, les bergers ont résolu le conflit fondamental de leur société et, à court terme, ils sont assurés d'être au pouvoir, pouvant imposer leurs décisions (souveraineté). Au fil du temps, cette situation peut ne pas devenir aussi claire, car les prêtres (de la classe des bergers et des responsables de la religion), les militaires et d'autres catégories assument des rôles qui obscurcissent la relation imposée par le dominant. Dès lors, la tendance des vainqueurs est de créer toutes sortes de mécanismes pour se stabiliser au pouvoir (MAQUIAVEL, 1999, p. 81). De cette façon, la division entre gouvernants et gouvernés, établie avec la victoire des bergers, est institutionnalisée.

Il n'est pas difficile de comprendre ce qu'est l'institutionnalisation. Imaginez qu'après avoir gagné le conflit, l'un des bergers soit devenu un chef et, au cours de sa vie, il a progressivement assumé une série de responsabilités et de tâches importantes pour son peuple. Avec la mort du chef, on suppose que quelqu'un sera choisi pour assumer le même poste. On observe qu'il y a une fonction sociale et politique à remplir, peu importe qui l'exerce. L'organisation restera s'il y a un leadership, pas seulement un leader. A partir du moment où apparaît le leadership (même s'il est abstrait, exprimé dans des symboles tels que des sceptres, des couronnes et des attitudes telles que la déférence de la population), quelle que soit la personne, ce leadership devient une institution. Avec l'institutionnalisation du leadership, le processus de succession s'institutionnalise également et d'autres institutions émergent, parallèlement ou ultérieurement. En comparaison avec le Brésil d'aujourd'hui, nous avons des institutions telles que la Présidence de la République, le Congrès National, les Forces Armées, les Tribunaux, le Ministère Public et bien d'autres.

Cet ensemble d'institutions s'appelle l'État. En fait, on peut dire que l'Etat se présente en deux temps : l'établissement de la division entre gouvernants et gouvernés ; et l'institutionnalisation de cette division.

Là où de telles conditions existent, il y aura un État, qu'il soit dirigé par un président, un empereur ou une autre personnalité, des lois écrites ou des coutumes orales, un, deux, trois pouvoirs ou plus, etc. Et le fonctionnement de cet État, de ses principales et institutions parallèles, peut toujours être comprise à la lumière de l'histoire de cette société, de sa structure sociale et économique, car l'État suit une logique, c'est-à-dire qu'il découle d'une situation sociale concrète.

Les institutions sont toujours incluses dans un cadre large, appelé cadre juridique, un ensemble de règles généralement applicables qui régissent le fonctionnement de la communauté. Même après la création d'un État complexe, les règles juridiques, ce que nous appelons maintenant les lois, peuvent ne pas avoir été écrites et mélangées avec des règles religieuses, morales, etc. Cela existe encore aujourd'hui, mais ce qui est commun, c'est que l'ordre juridique est plus ou moins différent de l'ordre religieux et moral, avec des implications variées.

Il faut toujours considérer que l'exercice de l'imagination historique, décrit ci-dessus, ne peut être pris au pied de la lettre. Un résumé des processus développés au cours de milliers d'années a été fait, juste une ressource pour comprendre que les événements historiques ne se produisent pas par hasard, mais il y a des raisons et des objectifs dans de nombreuses choses pour lesquelles nous ne réalisons pas ces attributs au début.

Ainsi, avec l'émergence d'activités et, plus tard, de désirs différents dans une communauté auparavant égalitaire en raison de la rareté des ressources et des moyens technologiques, des conflits d'intérêts se déclarent. Ces conflits se résolvent avec la domination d'un groupe sur un autre, établissant une différence entre dominants et dominés. Cette différence est institutionnalisée, formant un ordre juridique. C'est ainsi que sont posées les fondations de l'État. Il y a un État dans toute société politiquement et juridiquement organisée. On peut dire aussi que l'État est l'organisation politique et juridique d'une société, souvent confondue avec cette société.

Sachant que la société est un système de relations de pouvoir, ces relations peuvent avoir un caractère politique, social, économique, religieux et culturel, sachant que le pouvoir est une relation socio-psychologique entre ceux qui détiennent le pouvoir et ceux qui l'exercent (détenteurs du pouvoir) et celui à qui le pouvoir est dirigé (les destinataires du pouvoir).

C'est dans cette société que l'État apparaît comme une forme prédominante d'organisation sociopolitique, dans laquelle le pouvoir politique agit pour exercer un contrôle social sur les détenteurs du pouvoir et leurs destinataires. Or, non seulement le pouvoir domine cette relation entre détenteurs et destinataires du pouvoir, mais il conditionne également les relations entre les différents détenteurs du pouvoir (KELSEN, 2005, p. 274).

2.2. NATION

Le mot État a un sens déroutant pour les Brésiliens, en raison de la forme de l'État brésilien, qui est une Fédération, divisée entre l'Union (gouvernement fédéral) et les États. Ainsi, lorsqu'on parle d'État, il est courant que les Brésiliens pensent au Mato Grosso, au Minas Gerais, au Pará ou au Paraná. Ici, cependant, nous utilisons l'état dans un autre sens. Le terme État, qui fait référence à São Paulo ou Rio de Janeiro, peut être appelé "État membre", puisqu'ils font tous partie de l'État brésilien. En ce sens, le Brésil est un État, au même titre que l'Espagne ou les États-Unis. Le Portugal, à l'époque des Grandes Navigations, était un État, et continue de l'être, étant même membre de l'Union européenne. Au temps de l'Empire, le Brésil était un État, tout comme la Mésopotamie, la Perse et Rome étaient des États, à leurs époques respectives.

Dans le langage familier, il est courant d'utiliser les mots « État », « Nation », « Pays », « Patrie », sans distinction. Cependant, pour approfondir l'étude du thème proposé, il est nécessaire d'utiliser chaque terme à sa juste place. Le terme Pays fait référence à la situation géographique d'un État ou d'une Nation, et Patrie indique le lien affectif, culturel et historique avec l'État ou la Nation. L'État et la Nation, en revanche, nécessitent une explication plus élaborée.

De nos jours, la plupart des pays peuvent être classés comme des « États-nations ». Peut-être même les États non nationaux sont-ils majoritaires, selon les critères d'évaluation. Il y a des États qui constituent plusieurs nations et des nations qui comprennent plusieurs États. La Nation signifie une race ou un groupe ethnique commun, une langue similaire, une histoire commune, des traditions, des valeurs et des habitudes similaires ; c'est-à-dire la culture au sens le plus large, un sentiment qui fait qu'un type du Ceará, un carioca, un gaucho et un citoyen de São Paulo se sentent appartenir à la même nation, même avec des différences régionales. Rachel de Queiroz, Machado de Assis, Érico Veríssimo et Monteiro Lobato font partie du patrimoine affectif, historique et culturel de tous les Brésiliens.

La même chose ne se produit pas, par exemple, avec d'autres personnes qui vivent beaucoup plus près que les habitants du Ceará et les gauchos, comme les Basques et les Castillans. Les Basques, qui parlent leur propre langue et ont leur propre culture, se trouvent en Espagne et en France, le soi-disant Pays basque, mais ils peuvent être citoyens de l'État espagnol ou français. Cependant, ce ne sont pas des citoyens espagnols ou français, ce sont des Basques. Bien qu'ils soient soumis au système juridique de la France ou de l'Espagne, ils ne sont pas formellement des citoyens basques, et c'est pourquoi beaucoup d'entre eux poussent leur désaccord à l'extrême, cherchant à établir un État national basque par la violence (INFO ESCOLA, 2018), sans tenir compte de la commande. système juridique qui abrite son peuple. Les mêmes frictions se produisent avec les peuples indigènes d'Amérique, de Gaule (territoire français) et de Catalogne (territoire espagnol) et les *Touaregs* d'Afrique du Nord.

Il est très difficile pour les Brésiliens de comprendre ce problème. Le Brésil est un cas exceptionnel, dans lequel un État géographiquement grand coïncide avec une nation, même si certains mangent du barreado et d'autres préfèrent le maniçoba (les préférences culinaires sont des différences culturelles très superficielles). La Russie, par exemple, est l'une des nombreuses nations qui ont formé l'État soviétique. Les habitants de l'Ukraine, de la Géorgie et d'autres anciennes républiques soviétiques étaient des citoyens russes jusqu'à la fin du Pacte de Varsovie. De même, les États-Unis sont constitués de colonies anglaises, françaises et espagnoles, et l'identité nationale américaine a été forgée par le sentiment commun de différentes cultures pour la poursuite du bonheur, de la prospérité et de la sécurité. Au Canada, deux grandes nations coexistent, les Anglais et les Français (CANADA GUIDE, 2019), ainsi que les peuples précolombiens. Les descendants de Français, à plusieurs reprises, ont déjà manifesté leur volonté de se séparer de l'État canadien, qui à son tour est une monarchie constitutionnelle liée à la Couronne britannique (THE ROYAL FAMILY, 2019). L'État-nation britannique, tout en réaffirmant ses liens nationaux en s'éloignant de l'Union européenne (le soi-disant Brexit), diminue une partie de son identité nationale avec la récente indépendance relative de l'Écosse, qui a suivi les traces de l'Irlande il y a un siècle. L'Italie était composée de nombreux États au XIXe siècle, tels que Venise, Florence, Gênes, la Sicile, la Sardaigne, Naples et d'autres, avant l'unification autour des mêmes institutions politiques. La Yougoslavie était une fiction politique et juridique, essayant d'unifier plusieurs nations très individuelles telles que les Serbes, les Croates, les Monténégrins, les Macédoniens, les Tchèques, les Slovènes, les Slovaques, etc. Dans le cas des Africains et des Indiens, le mot le plus souvent utilisé est Tribu, plutôt que Nation, bien que le concept soit similaire. Les divers groupes indépendants d'Indiens d'Amérique du Sud, bien que trop petits pour être considérés comme un État multinational, sont des nations au sens le plus large, soumises aux États constitués brésiliens, argentins, chiliens ou autres.

Alors que la plupart des nations ont un territoire fixe, il y a des nations sans cette exigence. La nation gitane se répand dans le monde, sans perdre son identité, sans l'existence d'un territoire gitan. De la même manière, les personnes dispersées dans de nombreux pays peuvent être considérées comme des citoyens d'un même État, comme les soi-disant gouvernements en exil, comme la Couronne portugaise lorsqu'elle a quitté le Portugal en 1808, et les résistants à l'occupation nazie en dehors de leur pays, pendant la Seconde Guerre mondiale.

Il est important de prendre en compte le patrimoine culturel d'une nation donnée lorsqu'on essaie de comprendre ses problèmes, comme les indigènes brésiliens, palestiniens, irlandais et autres, dont les conflits finissent par faire la une des journaux, même si beaucoup se produisent dans des endroits que nous entendons rarement ou que nous entendons mal raconté, en raison des intérêts en jeu. Ce sont des notions fondamentales pour comprendre l'histoire des peuples, car sans elles une bonne partie de son sens se perd. Par exemple, un événement historique comme la guerre de Cent Ans est souvent considéré comme une guerre de cent ans entre la France et l'Angleterre au XVIe siècle. Il s'avère que la France et l'Angleterre, telles que nous les connaissons aujourd'hui, n'existaient pas. En outre, il y avait des seigneurs féodaux français dans les îles britanniques et des seigneurs féodaux anglais sur le continent français. En d'autres termes, ce n'était pas exactement une guerre entre la France et l'Angleterre, mais des crises internes de la classe dirigeante de l'époque, qui passaient par le déclin de la féodalité et le début de l'affirmation du pouvoir des rois (le germe de l'État qui remplacerait les disputes et la souveraineté). Si nous ignorons ces faits, notre compréhension serait gâchée par des pensées superficielles telles que "il y a toujours eu une rancune entre les Anglais et les Français", et donc nous n'analysons pas adéquatement les faits en ignorant les données pertinentes.

Une Nation est composée de trois éléments essentiels : le territoire, le peuple et la souveraineté (KELSEN, 2005, p. 299). Examinons de plus près l'un des éléments essentiels de l'État-nation, la souveraineté.

3. SOUVERAINETÉ ET VIOLENCE
3.1 SOUVERAINETÉ

En déclarant que l'État est souverain, cela signifie qu'il ne se soumet à personne, qu'il n'y a pas de pouvoir au-dessus de lui. Si un État donné n'est pas politiquement indépendant, il n'est pas souverain. Les citoyens de cet État sont, en pratique, des citoyens de l'État dont ils dépendent. Nous avons différents exemples dans l'histoire ancienne et contemporaine de personnes vivant dans un vide juridique, avec une citoyenneté de seconde classe.

Le pouvoir politique est celui exercé par l'État dans une société organisée. Il s'agit donc d'un pouvoir d'un seul propriétaire, exercé avec suprématie sur toutes les personnes qui sont sous la juridiction de l'État. Cet État surgit pour instituer, organiser et limiter l'exercice du pouvoir qui organise la collectivité des personnes, c'est un phénomène juridique, et naît selon les règles créées à cet effet (MIRANDA, 1983, p. 142).

La souveraineté est un concept politique et juridique ayant plusieurs implications. Actuellement, même les superpuissances n'ont pas de souveraineté indiscutable et unilatérale, puisque l'interdépendance entre les États, que ce soit dans le commerce, l'économie, l'environnement ou la puissance de guerre, est un fait incontestable. Les États les plus faibles (qui ont moins de projection de puissance nationale) ont une souveraineté relative, affaiblie par la supériorité économique et militaire des plus forts. Dans tous les cas, essayez de respecter les apparences. En d'autres termes, un gouvernement ne dit pas (publiquement) à l'autre : nommez ce ministre, arrêtez de vendre ce produit à un pays consommateur. Cependant, la souveraineté des plus faibles est violée à tout moment, en plus des zones d'influence notoires des grandes puissances, dans lesquelles la souveraineté de l'État est subordonnée aux intérêts des puissances hégémoniques, telles que les pays satellites qui ont formé l'Union soviétique, l'Asie du Sud-Est à la Chine, les anciennes colonies africaines à l'Europe ou l'Amérique latine aux États-Unis.

Il n'y a pas de consensus sur la composante dans laquelle la souveraineté serait insérée. Dans le cas de Louis XIV, la solution était de dire : « *L'état, c'est moi* ». En bref, il a déclaré que le roi avait la souveraineté, point final. Aujourd'hui, cette affirmation est peu relative, en raison du mondialisme et de la mise en place d'organisations supranationales telles que la Société des Nations, les Nations Unies, l'Organisation des États américains, l'Organisation du Traité de l'Atlantique Nord, le Marché commun du Sud, l'Union européenne, entre autres. Il y a des États dont la souveraineté se concentre sur la figure du dirigeant (ou des dirigeants, comme un comité militaire). En tout cas, il est possible de percevoir que la souveraineté n'est pas en fait dans le dirigeant, mais dans tout le schéma militaire et économique qui le soutient.

En termes juridiques, il est courant de lier la souveraineté au peuple, citant la souveraineté populaire dans les constitutions (démocratie, gouvernement populaire). Ainsi, le peuple concentrerait la souveraineté et l'exercerait à travers ses institutions. Cependant, seul un examen au cas par cas peut confirmer si l'écrit reflète la réalité.

Pour défendre les intérêts de l'État voire garantir l'existence de la Nation, parfois menacée dans ses éléments constitutifs, l'État dispose des instruments nécessaires. Ainsi, lorsqu'un peuple (ou une partie de celui-ci) est systématiquement attaqué, qu'un territoire est envahi ou que les institutions qui exercent la souveraineté s'effondrent, l'État peut utiliser les moyens nécessaires pour se maintenir en tant que tel, ce qui inclut l'usage de la violence dans différents façons.

3.2. ÉTAT ET VIOLENCE

L'État recherche et défend l'intérêt public. Cependant, il n'est pas facile de trouver un intérêt public, car il inclut généralement l'intérêt des classes dirigeantes, bien qu'indirectement. L'intérêt de toute la communauté est très difficile à découvrir et encore plus difficile à atteindre. Cependant, l'État représente nominalement l'intérêt public, le bien-être de la société, un fait qui se reflète dans le système juridique. Celui-ci, à son tour, régit le comportement du citoyen, l'État lui-même et les relations entre l'État et le citoyen (discours de Max Weber à l'Université de Munich en 1918, publié dans The Politics by Vocation, l'année suivante) (DE SOUZA, 2010, p.73). Dans ce qu'on appelle « l'État de droit », la loi (au sens large, au sens d'un ordre juridique) subordonne les personnes, les gouvernements et les institutions, imposant même des principes inaltérables. Par conséquent, le changement de loi ne se produit que dans l'état de droit, car le système juridique établit les règles pour effectuer les changements en lui-même.

Il n'y a qu'un seul système juridique, lié à l'État lui-même. Il n'est pas concevable que l'État reconnaisse l'ordre juridique des autres, car ce faisant il incorporerait cet ordre dans le sien, le transformant en une partie de lui-même, puisque seul l'État est souverain. Au niveau de l'État, l'ordre juridique s'étend à tout et à tous, y compris les citoyens étrangers sur son territoire ou sa juridiction.

On en conclut que l'État a le monopole des normes juridiques. La règle peut ne pas être respectée, mais une telle désobéissance ne doit pas être tolérée. Sinon, l'existence de la norme n'a aucun sens. Il est conclu que l'État exerce une coercition sur l'ensemble du système judiciaire, y compris par des moyens violents. L'État a donc le monopole de la violence (KELSEN, 2005, p. 412). Même si le voisin commet une violation flagrante de la norme légale, le citoyen ne peut le condamner ou l'arrêter, seul l'État (sauf dans les cas qui l'exonèrent de la responsabilité pénale, qui n'obligent pas le citoyen, mais lui donnent seulement le droit d'agir). Au nom de l'intérêt public, seul l'État peut mener des conflits armés, réprimer des crimes, user de la violence légalement, appelée coercition.

Dans une société étatique, le pouvoir politique coordonne et limite les fonctions de l'État, en maintenant la possibilité de différents groupes sociaux de vivre sous la même règle. Le pouvoir est l'essence même de tout gouvernement, parallèlement à l'usage de la violence. Le pouvoir politique se caractérise par l'attribution de la possibilité d'utiliser la force physique exclusivement à l'État, pouvoir qui est donc interdit au citoyen (sauf dans les cas d'exonération de responsabilité pénale, tels que la légitime défense, l'exercice régulier de la droite, entre autres). d'autres, comme l'effort nécessaire contre la menace de possession illégale de biens immobiliers). Cela dit, il est clair que le pouvoir politique doit appartenir exclusivement à l'État, qui, au profit de la société, ne recourra à la force physique que dans les limites qu'il a lui-même admises lors de l'attribution du pouvoir politique (VEGA, 2020).

Cette violence n'est généralement pas réellement exercée (dite violence structurelle), mais l'individu contemporain est tellement habitué à structurer sa vie par l'ordre juridique qu'il ne perçoit pas cette forme de violence (lorsque la violence vient des coutumes ou des règles morales, on l'appelle violence culturelle). Même si le citoyen se soumet à la norme universelle selon laquelle « tout ce qui n'est pas interdit est permis », l'individu est sous pression permanente pour ne pas commettre un acte interdit, même s'il ne connaît pas la loi. Parmi les actes illicites connus, la pression de l'État pour appliquer la sanction applicable à ceux qui violent la règle ressort. De manière générale, la violation de la règle implique des sanctions, des mesures coercitives contre le contrevenant, qui peuvent aller de l'avertissement à la peine de mort. Seul l'ordre juridique, l'État, peut contraindre une personne ou une organisation à faire ou à cesser de faire quelque chose.

Certes, ce monopole de la violence est remis en cause en tout temps, tant par les individus que par les organisations. La situation est chronique au Brésil, car les groupes ou factions qui ne reconnaissent pas la légitimité de l'État ne se sentent pas obligés de respecter la loi et le monopole de la violence (cependant, les révolutions qui réussissent à renverser le gouvernement d'un État sont promptes à imposer leur propre ordre juridique et rétablir le monopole de la violence). Bien qu'il soit essentiel que la loi s'applique également à tous, cela ne se produit pas toujours, c'est-à-dire que les contradictions entre la prédiction légale et la réalité (entre l'abstrait et le concret) sont très divergentes, ce qui réduit l'obéissance des citoyens, la légitimité de l'État et le monopole de la violence qui en découle.

4. DROIT INTERNATIONAL HUMANITAIRE ET DROITS DE L'HOMME

Le cadre juridique international approprié pour l'utilisation de la force armée, en particulier le droit international humanitaire, nécessite une étude approfondie afin de comprendre les défis modernes que pose le terrorisme.

Chaque civilisation a créé des "cellules d'humanité", formant un ensemble de règles pour limiter l'usage de la violence et aussi encourager la solidarité avec les victimes d'un conflit. Ces règles ne s'appliquaient généralement qu'aux membres du même groupe ou de la même civilisation. Par exemple, Platon écrivait que certaines limites devaient être observées dans les guerres entre cités grecques, mais ces limites n'étaient pas applicables à la lutte contre les Perses (VEUTHEY, 2010).

Ces règles visaient à assurer la survie de la population. Les guerriers ne doivent pas attaquer les femmes et les enfants, détruire les cultures ou les arbres, empoisonner les sources d'eau ou détruire les sites et bâtiments sacrés car de telles actions pourraient mettre en péril la survie de la population.

La définition la plus simple et la plus courante du DIH est la « Règle d'or » définie comme suit : « Ne faites pas à autrui ce que vous ne voudriez pas qu'il vous fasse ». Cette exigence de réciprocité pour limiter l'usage de la force et de solidarité liée à l'action humanitaire est présente dans la plupart des traditions religieuses telles que l'hindouisme, le confucianisme, le shintoïsme, le bouddhisme, le taoïsme, le zoroastrisme, le judaïsme, le christianisme et l'islam.

Dans les pays asiatiques, le bouddhisme, l'hindouisme et le taoïsme, le confucianisme et le shintoïsme énumèrent les principes de l'humanité pour faire face à l'ennemi pendant un conflit armé. Exemple : *Bushido* japonais (*Bushi* = Samouraï et *Do* = chemin).

Le bouddhisme a deux principes fondamentaux : *maitri* (bienveillance) et *karuna* (miséricorde, compassion), très proches du sens de l'humanité (MILLET-DEVALLE, 2010).

L'hindouisme a des règles sur le traitement humain des ennemis vaincus, ainsi que sur la loyauté au combat et l'utilisation d'armes qui causent des blessures superflues. Les Lois de Manou (un code de lois avec des normes morales et religieuses) prescrivent qu'un guerrier ne doit jamais utiliser d'armes perfides contre ses ennemis, telles que des gourdins, des flèches empoisonnées ou du cuir brûlé. (idem, idem).

Les Lois de Manou interdisent également d'attaquer un ennemi : à pied (lorsque l'agresseur est dans un véhicule), agissant de façon efféminée, main dans la main, implorant grâce, sans cuir chevelu, assis ou dormant, ou sans armure, nu, désarmé, regardant le combat ou attaquant un autre ennemi, ou dont l'arme est cassée, ou tombée à terre, ou grièvement blessée, ou est lâche ou en fuite.

Deux des livres saints de l'Inde, *Ramayana* et *Mahabharata*, interdisent l'utilisation d'armes de destruction massive, ce qui ne permet pas de faire la distinction entre combattants et non-combattants. Dans le *Mahabharata*, « Arjuna (une figure religieuse indienne), se soumettant aux lois de la guerre, s'est abstenu d'utiliser le pasupathastra, une arme hyperdestructrice, car le combat ne nécessitait que des armes classiques ordinaires, donc l'utilisation d'armes extraordinaires ou non classiques lui permettrait de non seulement être contraire à la religion ou aux lois connues de la guerre, mais aussi immoral » (apud BALMOND, 2010).

Le juge Weeramantry de la Cour internationale de Justice (CIJ) a utilisé ce passage comme argument dans son opinion dissidente sur la note consultative de la CIJ sur la licéité de la menace ou de l'emploi d'armes nucléaires, arguant que la Cour devrait généralement assurer la représentation des différentes formes de la civilisation et des principaux systèmes juridiques du monde.

Le juge a également cité un passage du Deutéronome (cinquième livre du Pentateuque, Ancien Testament) qui interdit de couper des arbres fruitiers (Deutéronome 20, 19 « Lorsque vous assiégez une ville pendant plusieurs jours, luttant contre elle pour la prendre, vous ne devez pas détruis ton bosquet, en y mettant la cognée, parce que tu peux en manger ; alors tu ne le couperas pas ; l'arbre des champs est-il un homme, pour qu'il puisse être attaqué par toi ? »), coutumes tribales africaines, l'interdiction de l'arme dite arbalète ou balestra par le concile du Latran en 1139, ainsi que la doctrine très détaillée de saint Thomas d'Aquin sur, entre autres, la protection des non-combattants.

Le christianisme occidental a essayé de créer des frontières à travers les traditions chevaleresques et a proclamé, aux Xe et XIe siècles, la *Treuga Dei* (Trêve de Dieu) et la *Pax Dei* (Paix de Dieu), une initiative de l'Église. Selon ces proclamations, toutes les hostilités étaient interdites à certaines périodes du calendrier liturgique (du premier dimanche de l'Avent à l'Epiphanie, du mercredi des Cendres à l'Ascension) et à certains jours de la semaine (du mercredi après-midi au dimanche matin, en mémoire de la Passion et la Résurrection de Jésus-Christ).

Les premiers défenseurs du droit international humanitaire, ce n'est pas par hasard, étaient des religieux, qui reconnaissaient la dignité inhérente à tout être humain, créé à l'image de Dieu, comme saint Thomas d'Aquin (1225-1274), le dominicain Francisco de Vitoria (1483 - 1546), Baltazar Ayala (1548-1584), le jésuite Francisco Suárez (1548-1617) et le protestant suisse Emmerich de Vattel (1714-1767).

La théorie de la guerre juste a été perfectionnée par saint Thomas d'Aquin et a été bien accueillie dans plusieurs ordres européens médiévaux. Voyons, par exemple, quelques fragments des lettres d'Alphonse X El Sabio, roi de Castille :

- « La guerre provoque la destruction, la séparation et l'inimitié entre les hommes, mais lorsqu'elle est bien faite, elle apporte ensuite la paix » ;

- « Il y a quatre types de guerre : la première, appelée *justa* en latin (...) la seconde forme s'appelle *injusta*, qui est une guerre avec orgueil et sans droits (...) » ;

- « Faire la guerre est quelque chose qui doit être bien pensé (...) pour le faire avec raison et droit. Et cette guerre doit être menée contre des ennemis à l'intérieur du royaume (...) [ou] contre des ennemis à l'extérieur du royaume » ;

- « La guerre et la paix doivent être faites par ordre de l'empereur » ;

- "Le tyran est le seigneur cruel qui a conquis un royaume ou un territoire par la force, la machination ou la trahison" (MATAMOROS, p. 9).

Mais l'élaboration conceptuelle la plus complète est due au père Vitória et à l'école de Salamanque du XVIe siècle. Les conditions requises pour qu'une guerre soit considérée consistaient, en bref, en ce que :

un. Être déclaré et exécuté par une autorité légitime, sans opposition du peuple ;

b. Pour une cause bonne et juste, comme l'autodéfense, l'action préventive contre un tyran qui allait attaquer, ou la punition d'un ennemi coupable ;

c. Avec une chance raisonnable de succès ;

ré. Atteindre la paix (bonne intention);

e. Lorsqu'il est nécessaire d'éviter un mal plus grand que les dommages causés par la guerre, et

F. En dernier recours, après l'échec du dialogue et de la négociation. (idem, idem).

La codification de la loi sur les conflits armés était une initiative du tsar Alexandre II de Russie, où des représentants de 15 États européens ont assisté à une conférence à Bruxelles le 27 juillet 1874, pour étudier la conception d'un accord international sur les lois et coutumes de la guerre. . Le texte initial a été approuvé avec quelques modifications.

Cependant, de nombreux États n'étaient pas disposés à accepter un accord contraignant, de sorte que le texte n'a pas été ratifié. Quoi qu'il en soit, ce fut une première étape importante dans la codification des lois de la guerre (VEUTHEY, 2011).

L'Institut de droit international, lors d'une conférence à Genève, a chargé une commission d'examiner la Déclaration de Bruxelles et de présenter son avis et ses propositions complémentaires à l'Institut. Les efforts de l'Institut ont conduit à l'adoption en 1880 de l'Oxford Handbook on the Law of Armed Conflict on Land. La Déclaration de Bruxelles et le Manuel d'Oxford ont servi de base aux deux Conventions de La Haye sur les conflits armés terrestres et aux dispositions connexes adoptées en 1899 et 1907.

Pendant des siècles, les nations en sont venues à croire que le droit doit prévaloir dans la sphère du conflit, pour éviter ses effets les plus désastreux. Le développement de nouvelles formes de communication, d'armes de destruction massive et d'armes de plus en plus sophistiquées ont conduit à une prise de conscience mondiale des caractéristiques inhumaines et sanglantes des conflits contemporains.

Cette conscience a connu une évolution remarquable au XIXe siècle, avec la pratique des coalitions, des capitulations et des conventions d'armistice. Ces évolutions, qui visent à humaniser le traitement des victimes de conflits, sont nées de normes coutumières, révélatrices du développement d'une éthique du combat.

Un processus valable de construction de normes juridiques internationales a commencé dans la seconde moitié du XIXe siècle, avec les efforts d'Henri Dunant en Europe, qui a été témoin de la cruelle bataille de Solférino, puis a conçu la première Convention de Genève, en 1864, et Francisco Lieber , qui a écrit le premier code promulgué sur le sujet par le gouvernement des États-Unis d'Amérique pendant la guerre civile.

Au cours du XXe siècle, cette évolution s'est opérée avec les Conventions de Genève en 1906 et les Conventions de La Haye en

1899 et 1907. En codifiant une norme juridique faisant partie du droit international coutumier, ces Conventions ont marqué le début d'un droit humanitaire à protéger les victimes. , et une loi sur la guerre, pour limiter les actions du combattant.

Le droit international humanitaire et le droit de la guerre ont évolué et acquis une certaine efficacité, mais la Première Guerre mondiale a montré, pour la première fois, le caractère incomplet de ces normes et les difficultés de leur mise en œuvre par les États. De nouveaux instruments conventionnels ont cherché à combler les lacunes d'un cadre juridique insuffisamment protégé. Entre-temps, la Seconde Guerre mondiale a montré la nécessité d'un ensemble complet de règles qui assureraient plus efficacement la protection des victimes de la guerre. Ce fut l'apport des quatre Conventions de Genève du 12 août 1949, qui constituent aujourd'hui la base du droit humanitaire. Ces conventions ont été mises en lumière lors des procès de Nuremberg et de Tokyo, où, pour la première fois, des personnes accusées de crimes de guerre ont été condamnées.

Au cours de la seconde moitié du XXe siècle, le champ d'application du DIH s'est élargi, au sein d'une communauté internationale dans laquelle sa capacité de fonctionnement est fondée sur la Charte des Nations Unies. Le DIH contient des aspects de la protection des biens culturels, de l'environnement naturel, de la participation des enfants aux conflits armés, de l'interdiction de certaines armes considérées comme inhumaines ou causant des souffrances excessives.

Dans le même temps, l'apparence des conflits armés a considérablement changé. Les conflits internes ont amené de nouveaux acteurs non étatiques (tels que des organisations terroristes), créant de multiples répercussions internationales, et dans le même temps, les opérations de maintien et d'imposition de la paix sont devenues encore plus courantes après la fin de la guerre froide.

Le droit international des conflits armés (DICA) est une branche spécifique du droit international public et comprend trois domaines différents.

Les lois de la guerre, également appelées « droit de La Haye », regroupent l'ensemble normatif des Conventions de La Haye, dont les plus connues sont celles promulguées le 18 octobre 1907 ; l'un traite des lois et coutumes des conflits armés terrestres et l'autre des conflits armés maritimes. Ces textes ont été créés pour protéger le combattant des effets les plus horribles de la guerre et définir certaines règles applicables au combat, comme l'interdiction de la perfidie ou la déclaration qu'il n'y aura pas de prisonniers (déni de quartier). Les règles qui en découlent visent à protéger certains droits également menacés, comme la Convention de La Haye du 14 mai 1954 sur la protection des biens culturels.

Le droit international humanitaire comprend l'ensemble créé par les Conventions de Genève du 12 août 1949 sur les malades et les blessés (première), les naufragés (deuxième), les prisonniers de guerre (troisième) et la population civile (quatrième). Ces quatre conventions visent à protéger les victimes de la guerre, c'est-à-dire les combattants hors de combat et la population civile qui subit les terribles effets des conflits. Depuis le début du XXe siècle, la proportion de victimes civiles dans la guerre est bien supérieure à celle des militaires.

Dans la division entre les lois de la guerre et la loi humanitaire, il y a une loi combinée, qui comprend des éléments des deux branches. Il s'agit des deux Protocoles additionnels aux Conventions de Genève, adoptés le 8 juin 1977 à Genève.

Les lois sur le contrôle des armes rassemblent les conventions internationales qui interdisent, limitent ou réglementent l'utilisation de certaines armes ou munitions. Elle interdit les armes chimiques et biologiques, les mines antipersonnel, les projectiles à pointe creuse (munitions « *dum-dum* »), les armes à projectiles à rayons X indétectables, les lasers aveuglants, entre autres. L'utilisation d'armes incendiaires, quant à elle, est réglementée et limitée à l'attaque exclusive de cibles militaires en dehors de la concentration civile. De même, l'utilisation de mines non antipersonnel est toujours autorisée, mais seulement si toutes les précautions sont prises pour protéger les civils de leurs effets, même après le conflit.

Les lois sur la maîtrise des armements complètent les instruments internationaux relatifs au désarmement, tels que le traité sur la non-prolifération des armes nucléaires, le traité sur les forces conventionnelles en Europe (FCE) ou le traité sur la réduction des armements stratégiques - START (*Strategic Arms Reduction Treaty*) et les pourparlers sur la limitation des armements stratégiques – SALT (*Strategic Arms Limitation Talks*). Ces instruments sont parallèles au contrôle des armes, puisque tous deux visent une réduction progressive de certaines armes, jusqu'à leur disparition totale, puisque la question d au contrôle des armes est plus que l'interdiction de certaines armes.

C'est lors d'un conflit armé que le pouvoir souverain d'un État manifeste souvent sa force. En ce sens, certains États n'hésitent pas à privilégier l'efficacité militaire aux normes juridiques. Au contraire, le respect de la loi sur les conflits armés permet de mener des opérations militaires, ce qui limite les effets inhumains de la guerre. C'est une condition essentielle pour éviter l'apparition d'un cercle vicieux de barbarie.

Le cadre du Droit des Conflits Armés, bien qu'imparfait, constitue une protection précieuse pour les Forces Armées mais aussi pour la population civile. Elle permet de résoudre ou de tenter de résoudre des situations difficiles, complexes ou ambiguës qui caractérisent tous les conflits armés. Ils définissent l'action des Forces Armées, contribuant à l'image du pays en cas d'intervention extérieure.

Le droit des conflits armés s'applique à tous les conflits armés. Elle peut être internationale, lorsqu'elle se produit entre deux États souverains, ou non internationale, l'exemple le plus fréquent étant la guerre civile. Les conflits armés non internationaux doivent être distingués des situations de tension interne, des insurrections et autres actes de violence similaires, qui ne sont pas considérés comme des conflits.

Cette distinction est importante car le régime juridique applicable à chaque circonstance en découle. Par conséquent, au regard du droit international humanitaire, un conflit armé non international est régi par le Protocole additionnel II aux Conventions de Genève. En revanche, dans un conflit international, les parties belligérantes doivent respecter les quatre Conventions de Genève et le Protocole additionnel I. Les règles applicables aux conflits armés internationaux sont plus larges et plus protectrices que dans les conflits armés non internationaux.

Le socle des droits humains fondamentaux s'applique à toutes les situations, même en dehors de tout conflit, et quelles que soient leurs caractéristiques, qu'elles soient internationales ou non. C'est l'article 3 commun aux Conventions de Genève qui définit les règles fondamentales de la protection de la personne humaine, ainsi que le cadre juridique des Droits de l'Homme, qui énumère trois principes importants :

- **Inviolabilité** : garantit à toutes les personnes et combattants le droit au respect de la vie et de l'intégrité physique et morale ;

- **Non-discrimination** : pour que chacun soit traité sans distinction de race, de sexe, de nationalité, d'opinion politique ou de religion (ce principe des droits de l'homme est différent du principe de discrimination, propre au Droit International Humanitaire, expliqué ci-dessous) ;

- **La certitude** : pour que l'individu ne soit pas responsable de quelque chose qu'il n'a pas commis, par les garanties judiciaires nécessaires et l'interdiction des représailles, des punitions collectives, des prises d'otages et des déportations.

Les normes du droit international humanitaire visent à protéger les combattants dans un conflit armé, mais aussi les malades, les blessés, les naufragés, les religieux et les professionnels de la santé, les prisonniers de guerre, les correspondants de guerre, les diplomates, les organisations humanitaires et les agents de la défense. Les civils, les réfugiés et, dans leur ensemble, la population civile affectée par une situation de conflit armé, en particulier les femmes et les enfants.

Les principes fondamentaux du droit international humanitaire sont :

- **L'humanité**, qui repose sur la volonté d'éviter, par toutes les mesures possibles, les dommages inutiles et les souffrances superflues causées par l'usage de la force. En ce sens, le choix des moyens et des méthodes de combat n'est pas illimité, mais doit respecter les règles de DICA qui limitent les effets néfastes de l'usage de la violence. La clause de Martens (cette clause a été créée par le juriste estonien Friedrich de Martens, et fait partie de plusieurs conventions internationales) stipule que : "La population civile et le combattant restent sous la protection du Droit des Gens (*Jus gentium*, Law of the Peuple ou Droit international), les normes découlant des coutumes établies, des principes d'humanité et des devoirs de la conscience publique ». Le respect du droit des conflits armés obéit à une logique d'humanité : toute bataille gagnée sans respecter la dignité humaine est, tôt ou tard, tardivement, une bataille perdue d'avance ;

- **La discrimination**, également connue sous le nom de principe de précaution, impose aux combattants l'obligation de distinguer les cibles militaires, qui peuvent être attaquées, de la population et les biens de caractère civil, qui ne doivent faire l'objet d'aucune attaque volontaire. L'une des plus grandes difficultés dans la mise en œuvre de ce principe est de trouver un moyen pratique de faire la distinction entre les cibles militaires et les biens civils. L'art. 52 du Protocole additionnel I aux Conventions de Genève précise : « en matière de biens, les objectifs militaires sont limités à ceux qui, par leur nature, leur emplacement, leur destination ou leur utilisation, démontrent une contribution militaire effective à l'action militaire, et leur destruction, partielle ou partielle ». la capture ou la neutralisation totale procure un avantage militaire complet » ;

- **La proportionnalité,** qui exige de s'abstenir d'une attaque qui pourrait causer la perte accidentelle de vies humaines à la population civile, des blessures à la population civile, des dommages aux biens civils ou un ensemble de pertes et dommages jugé excessif par rapport à l'avantage militaire concret que est attendu directement. La mise en œuvre de ce principe repose sur la coïncidence entre les moyens employés et le résultat militaire recherché. La mise en œuvre du principe de proportionnalité n'exclut pas les dommages collatéraux qui pourraient affecter la population ou les biens civils, sauf s'ils sont exagérés par rapport à l'avantage militaire concret directement attendu. Cela n'empêche pas non plus que certaines cibles, qui bénéficient de la protection spéciale d'une convention internationale, deviennent des cibles militaires, si cette convention mentionne explicitement la capacité de l'attaquant à faire valoir qu'il existe un besoin militaire d'infliger l'attaque.

Le respect de la LoAC est un gage d'efficacité dans l'accomplissement de la mission. Améliore le comportement des combattants, revigorant le sens de la discipline. Elle facilite également la gestion et la sortie d'une crise, et le retour à la paix à un moment où tous ces enjeux sont fondamentaux dans toute intervention extérieure.

Dans l'équilibre entre le Principe d'Humanité et les Necessités Militaires, le DICA part de l'azimut du Principe d'Economie des Forces et des Moyens.

Pour être efficace, le DICA doit être respectée par la grande majorité des États, sinon tous. Il faut trouver l'universalité, pour que tout le monde puisse l'accepter. Elle doit également être entourée de mesures de confiance, de supervision, de contrôle et de sanction.

De la même manière que les obligations nées de la morale individuelle et collective sont mises en œuvre volontairement, et non imposées par hasard, les obligations nées du Droit rassemblent la population d'un Etat qui cherche à les respecter, et peuvent être soumises, s'il y a base légale, à des sanctions disciplinaires et judiciaires.

Les combattants doivent respecter les règles du LoAC en toutes circonstances. Il n'est admis en aucun cas que la faute s'en écarte, quel que soit le contexte ou la mission, même si l'adversaire ne les respecte pas.

Le Commandant a l'entière responsabilité en la matière et doit veiller à ce que les membres des Forces armées en soient conscients et remplissent les obligations qui en découlent. Il est responsable de l'instruction et de la formation du DICA.

C'est une erreur pour le commandant de croire que le DICA peut être ignorée si l'efficacité militaire décline. Une telle hypothèse n'existe pas, et la raison est simple : en respectant le TIP, les troupes deviennent encore plus efficaces, car :

- Tirer sur des cibles non militaires entraîne une perte de ressources et de temps sur le champ de bataille et une démoralisation des troupes ;

- Le soutien de la population civile est essentiel pour la solution de tout conflit asymétrique, rétablissant la paix à long terme ;

- Le respect de l'environnement aide à la reconstruction du pays dans la période post-conflit, facilitant la fin du conflit et le retrait des troupes du terrain.

En plus des mesures disciplinaires qui peuvent être imposées, le non-respect de la réglementation du DICA peut également entraîner une responsabilité pénale. L'accusé peut être poursuivi pour crimes devant des tribunaux fédéraux ou militaires, ou devant des tribunaux pénaux internationaux, selon la gravité et l'étendue des événements.

En conclusion, le soldat qui veut comprendre et utiliser le Droit des Conflits Armés (DICA) au cours de sa mission doit suivre trois processus de base :

- Confiance, car les règles du DICA supportent toute la doctrine militaire et sont prises en compte à tous les niveaux de la hiérarchie. L'élaboration équilibrée de ces règles et leur mise en œuvre sont des objectifs importants pour les pays qui respectent leurs engagements internationaux. De plus, le comportement de haut niveau des militaires peut servir d'exemple pour que d'autres combattants apprennent et appliquent les mêmes règles et exemples ;

- Réalité, car le respect du Droit des Conflits Armés et des Droits de l'Homme est dans la volonté des Forces Armées organisées et disciplinées. Si certaines règles peuvent sembler complexes ou contradictoires, leur mise en œuvre repose sur le respect des valeurs chères aux États démocratiques et qu'ils tentent de protéger. Cette mise en œuvre est basée sur l'honnêteté et la bonne foi qui guident l'armée dans l'accomplissement de sa mission ;

- Persévérance, car le Droit des Conflits Armés n'est pas seulement une connaissance théorique, mais doit devenir un état d'esprit qui encourage les institutions militaires et chacun de leurs membres, en tout temps. Un engagement permanent au niveau stratégique signifie que, à tous les niveaux subalternes, le soldat se rend compte que, connaissant et respectant les règles du conflit armé, il remplit sa mission.

5. TERRORISME, FORMES NOUVELLES ET ANCIENNES

Le mot terreur vient du mot latin *terrere*, qui signifie effrayer. Le mot et ses termes apparentés ont été utilisés dans des contextes très différents : au nom d'un tyran (par exemple Ivan le Terrible, le premier tsar russe), des périodes caractérisées par une instabilité politique violente (par exemple le règne de la Terreur pendant la Révolution française), et actes de violence sporadiques connus internationalement sous le nom de terrorisme international. La violence n'est pas le problème principal, car la violence a également été commise pendant la Première et la Seconde Guerre mondiale, et les actes de terrorisme n'étaient pas considérés à notre époque. La violence n'est pas le but, mais l'instrument par lequel une personne peut répandre la peur (terroriser) la population d'un pays.

La propagation de la peur peut être motivée par un objectif criminel ou politique. D'une manière ou d'une autre, une population entière peut être effrayée sans recourir au terrorisme. Par exemple, lorsque la cause est une maladie, comme la grippe aviaire chinoise ou COVID-19, qui a menacé le monde entier, ou la maladie de la vache folle, qui a effrayé même les végétariens, et aussi le virus mortel Ebola, qui a provoqué une épidémie en Afrique centrale dans les années 1990 et au début du 21e siècle. Certaines personnes pensent que ces maladies n'étaient pas entièrement naturelles, mais étaient répandues, caractérisant un cas de bioterrorisme.

Si une personne suppose que l'intention de chaque terroriste est de répandre largement la peur parmi la population, il y a une motivation commune dans les crimes qu'il commet. Puisqu'il y a un élément commun dans le terrorisme, il peut être traité en utilisant des stratégies et des tactiques défensives similaires. Toute action pouvant être entreprise pour réduire la peur et l'anxiété d'une population est un outil efficace contre le terrorisme.

5.1. DÉFINITIONS DU TERRORISME

Brian Jenkins définit le terrorisme comme l'utilisation ou la menace de l'utilisation de la force à des fins de changement politique. De même, le FBI définit le terrorisme comme l'usage illégal de la force ou de la violence contre des personnes ou des biens pour intimider ou contraindre un gouvernement, la population civile ou une partie de celle-ci, à des fins sociales et politiques (*apud* CIETTO, 2020).

La Convention internationale pour la répression du financement du terrorisme (adoptée par la résolution 54/109 de l'Assemblée générale des Nations Unies du 9 décembre 1999) définit le terrorisme comme « des actes criminels, y compris contre des civils, commis dans l'intention de causer la mort ou des lésions corporelles graves ou commis en otage, afin de provoquer un état de terreur dans l'opinion publique, un groupe de personnes ou certains individus en particulier, d'intimider la population ou de contraindre un gouvernement ou une organisation internationale à faire ou à ne pas faire quelque chose ». définition similaire dans la résolution n° 1566 (2004) du Conseil de sécurité, adoptée le 8 octobre 2004.

En combat conventionnel, ou en guérilla/combat asymétrique, il est possible de faire la distinction entre combattants et non-combattants. On pourrait soutenir que les personnes qui ne participent pas au combat meurent également dans le conflit. Dans ce cas, ils ne sont pas la cible principale de l'action militaire, mais un effet secondaire de l'attaque, appelé dommage collatéral. Dans le combat conventionnel ou de guérilla, l'objectif est de détruire les forces ennemies. Les conflits armés peuvent être de forte ou de faible intensité (c'est-à-dire qu'ils occupent ou non un territoire étranger), comme de nombreux conflits dans le monde, pour les indépendances (anciennes républiques soviétiques et anciennes colonies européennes), les minorités éthniques (en Afrique et en Océanie) et trafic de drogue (Amérique latine). Les conflits armés peuvent être symétriques (entre

États) et asymétriques (entre un État et des groupes ou factions rebelles).

Cependant, attaquer des non-combattants est au cœur du terrorisme international. En raison du secret avec lequel cette activité est menée, l'acte terroriste est mené par un petit groupe d'agents, qui reçoivent un soutien logistique et financier d'organisations fondamentalistes et de gouvernements solidaires. Certains groupes peuvent être soupçonnés de soutenir des cibles terroristes, même s'ils ne sont pas eux-mêmes à l'origine de la terreur. Une distinction doit être faite entre les groupes qui sont réellement la menace et ceux qui sont exploités ou utilisés comme couverture pour d'autres groupes.

Le Département d'État américain décrit le terrorisme comme un phénomène en constante évolution, et la nature de la menace terroriste a radicalement changé. Attribuez ce changement à cinq facteurs (*apud* CIETTO, 2020) :

1. L'effondrement de l'Union soviétique (et la fin du Pacte de Varsovie) ;

2. Changement dans la motivation du terroriste ;

3. Prolifération des technologies de destruction massive ;

4. Meilleur accès à l'information et aux technologies de l'information ;

5. Centralisation accélérée des composants essentiels de l'infrastructure nationale qui a accru la vulnérabilité à une attaque terroriste.

5.2. INTENTION DU TERRORISME

Le terrorisme est une dramatisation pour des raisons politiques (l'intention spécifique de l'attaque terroriste, ou *dolus specialis*, est expliquée dans le chapitre suivant), et il existe certains éléments universels dans les activités terroristes modernes (Ibid., ibidem) :

1. L'UTILISATION DE LA VIOLENCE POUR PERSUADER, dans laquelle des explosifs et d'autres attaques sont utilisés pour gagner des positions auprès des victimes ciblées. Le terme

victimes cibles est utilisé parce que la cible n'est pas les personnes qui ont été tuées ou blessées. Au contraire, l'attaque peut être menée pour influencer un gouvernement, une coalition ou un groupe de gouvernements, pour prendre une décision ou une certaine action, ou encore pour empêcher ou réprimer une certaine action ;

2. DES CIBLES ET DES VICTIMES CHOISIES POUR OBTENIR UN MAXIMUM DE PUBLICITÉ, afin qu'ils choisissent des cibles qui attirent le plus l'attention des médias. Ce fait est particulièrement démontré par des attentats terroristes tels que l'explosion du World Trade Center à New York en 1993 et 2001, et la prise d'otages avec des athlètes israéliens lors des Jeux olympiques de Munich en 1972. D'autres exemples sont les attentats de Madrid en mars 2004, Londres en juillet 2005 et São Paulo en mai 2006 ;

3. LES ATTAQUES NE SONT PAS CAUSÉES, c'est-à-dire que les victimes ou les cibles n'ont rien fait contre les terroristes, ce qui est vrai de tout acte terroriste, car leurs motifs présumés sont souvent une histoire complexe que les terroristes eux-mêmes racontent pour trouver un soutien pour eux. vos actions au sein de votre groupe ;

4. LA PROPAGANDE MAXIMALE AVEC UN RISQUE MINIMUM est le principe directeur de nombreuses actions terroristes, en particulier celles impliquant des explosifs. Les attaques à l'explosif créent souvent beaucoup de publicité en fonction du lieu et de la période, de sorte que les cibles sont sélectionnées pour ce qu'elles représentent, comme les ambassades, les attractions touristiques de renommée mondiale et les installations similaires. Des minuteries de haute technologie permettent de planifier une détonation à long terme, réduisant ainsi le risque pour le ou les terroristes, qui peuvent disparaître lorsque l'engin explose ou est retrouvé. Les autres activités terroristes préférées sont les enlèvements, les vols et les assassinats, qui peuvent générer une publicité importante et prolongée, mais aussi un plus grand risque pour l'agent. Il y a une tendance à des changements cycliques dans les attentats terroristes. Après une série d'enlèvements,

la population peut devenir insensible aux actes et la prochaine prise d'otage peut ne pas recevoir la même attention de la part des médias, des journaux télévisés ou d'Internet. Les attentats à l'explosif, moins fréquents au cours de la même période, peuvent également bénéficier d'une plus grande publicité que d'autres enlèvements. Par conséquent, un changement de tactique peut apporter plus de propagande que d'autres formes d'attaque. Les terroristes veulent toujours une couverture médiatique, ils changeront donc leur approche pour obtenir le plus de publicité possible.

5. UTILISATION DE LA SURPRISE POUR ÉVITER DES MESURES CONTRE-TERRORISTES pour attaquer des cibles hautement protégées. Même lorsque les gardes, les dispositifs de détection et la haute sécurité sont à proximité, le facteur surprise peut être utilisé pour contourner l'équipement et l'élément humain dans le système de sécurité. Le temps est le meilleur ami du terroriste. Après une longue période sans événements terroristes, les cibles bien protégées peuvent voir leurs mesures de sécurité réduites. Lorsqu'il n'y a pas de plan d'attentat suicide, le terroriste reste au banc des accusés jusqu'à ce que la sécurité de la cible soit plus favorable.

6. LES MENACES, LES PROVOCATIONS ET LA VIOLENCE sont des outils utilisés par les terroristes pour entretenir un climat de peur. Les terroristes peuvent placer de petits explosifs ou des engins incendiaires dans des lieux publics tels que les grands magasins et les cinémas. Récemment, des terroristes qui se sont battus contre le gouvernement égyptien ont attaqué des touristes dans les pyramides et d'autres sites historiques. Pour la population, il n'y a aucun lien ou similitude raisonnable entre la motivation et le lieu des attaques, par conséquent, toute menace de cette activité peut générer de la peur dans la population.

7. INDIFFÉRENCE SUR LES FEMMES ET LES ENFANTS EN TANT QUE VICTIMES, car parfois des lieux sont spécialement choisis pour tuer des victimes innocentes, dans le but d'augmenter

l'indignation et la peur de l'agressivité de l'acte terroriste. C'est une autre façon de recevoir plus de publicité et de couverture médiatique pour la souffrance et la mort des non-combattants. Cette particularité différencie le terroriste du militaire ou de la guérilla. Le soldat combat sous l'autorité de son gouvernement. La guérilla mène le même combat que le soldat sur la tactique et les codes de conduite, donc les femmes et les enfants ne sont pas des cibles souhaitables. Un terroriste peut probablement cibler des femmes et des enfants pour susciter un plus grand sentiment de peur. Par conséquent, le nettoyage ethnique affiché en Bosnie et au Kosovo sur diverses classes de la population de l'ex-Yougoslavie n'était pas seulement une opération militaire, mais un terrorisme pratiqué par les milices (la nature juridique de l'acte terroriste est expliquée en détail dans le chapitre suivant).

8. LA PUBLICITÉ EST UTILISÉE POUR MAXIMISER L'EFFET DE LA VIOLENCE, principalement pour des raisons économiques et politiques. Ce serait un gâchis pour la cause terroriste si l'opération terroriste n'était pas publiée. En ce sens, Septembre noir, lors des Jeux olympiques de Munich en 1972, et tous les groupes qui ont imité cette prise d'otages, se revendiquant responsables d'attentats dans des circonstances similaires, veulent une publicité mondiale à des fins politiques et économiques. D'un point de vue politique, le groupe terroriste veut montrer qu'il est une organisation de longue date, une puissance à respecter et une force à craindre. Dans le domaine économique, le groupe montre aux gouvernements favorables à sa cause et aux gouvernements qui soutiennent les groupes terroristes qu'il est bon de recevoir un soutien financier. Même lorsque les terroristes n'assument pas publiquement la responsabilité de leurs actes, de nombreux actes ont une forme particulière qui les caractérise ou laisse des indices importants.

9. LA FIDÉLITÉ ENVERS EUX-MÊMES ET SES SOUTIENS est une caractéristique des groupes terroristes que l'on retrouve parmi les Arméniens, les Croates, les Kurdes, les Basques et bien d'autres.

Parmi eux, la loyauté est si intense qu'ils commettent des actes criminels impensables à cause de cette loyauté, ce que les éléments radicaux d'un mouvement pacifique ne feraient jamais. Mais pour la plupart, les nouvelles générations de terroristes n'ont plus la même grande fidélité à la cause originelle, la fierté de la défendre et la vision limitée de l'objectif principal. Beaucoup se livrent au terrorisme pour le profit et la perpétuation de leurs activités criminelles comme objectif principal. En conclusion, ils deviennent nihilistes et s'intéressent avant tout au rendement financier de leurs activités.

Le terrorisme au cours des années 1960 et 1970 était principalement pratiqué par des universitaires et des militants politiques ayant de nombreuses années d'éducation formelle. Aujourd'hui, les enfants soldats sont impliqués dans de nombreux conflits de faible intensité, dont beaucoup n'ont pas encore atteint la puberté et sont devenus insensibles à la violence et aux émotions humaines.

6. QUEL GENRE DE CRIME EST-IL LE TERRORISME?

À partir du bref exposé du concept de terrorisme dans le chapitre précédent, il est possible de définir en termes juridiques de quel type de crime il s'agit, et les tribunaux compétents pour poursuivre les terroristes. Un mécanisme clair et sûr de répression du crime est essentiel pour prévenir un acte illégal et, de ce point de vue, la terreur n'est pas différente des autres crimes.

En bref, le terrorisme est l'utilisation illégale ou la menace illégale d'utilisation de la force ou de la violence contre des personnes ou des biens, dans l'intention de contraindre ou d'intimider des gouvernements ou des sociétés pour atteindre des objectifs politiques, religieux ou idéologiques.

Le droit international humanitaire interdit le terrorisme et il ne peut jamais être utilisé comme méthode de combat. L'article 51, § 2, du Protocole additionnel I aux Conventions de Genève établit qu'en toutes circonstances, il est interdit de commettre ou de menacer de commettre des violences dont l'objectif principal est de semer la terreur parmi la population civile.

Bien que la loi sur les conflits armés ne précise pas sa définition, un acte terroriste, qui est strictement interdit, est différent des actions menées par des forces armées régulières ou des groupes de guérilla travaillant sous une organisation hiérarchique, portant ostensiblement des armes lors d'activités opérationnelles et utilisant un moyen de se démarquer de la population civile.

Au Brésil, comme dans de nombreux pays du monde, la terreur est prévue dans la Constitution fédérale de 1988, sa pratique est répudiée (article 4, VIII), elle est considérée comme non susceptible de caution et l'amnistie ou la grâce ne sont pas autorisées (article 5, XLIII). Cependant, dans de nombreux pays, il n'y a pas de définition juridique du terrorisme en tant que crime, ni de description de la conduite criminelle et de la punition pour le crime compris comme du terrorisme. Cette absence s'explique par deux raisons.

La première raison est qu'un acte de terrorisme est également couvert par d'autres définitions criminelles, telles que le meurtre, l'enlèvement et l'explosion. Mais l'*animus* (*dolus* ou intention criminelle) de l'agent terroriste est très différent du criminel de droit commun, lorsqu'il porte atteinte à l'intégrité physique, à la liberté et à la sécurité de l'individu. La fin du terroriste en est une autre, et cela conduit au deuxième mobile.

L'intention du terroriste est d'offenser la Nation ou l'Etat, son intégrité politique ou territoriale en tant que Nation Souveraine. Par conséquent, le terrorisme est commis contre une personne morale régie par le droit international public, et le comportement doit être considéré comme un crime au regard du droit international, car il viole le patrimoine juridique protégé par cette branche du droit.

Le principal problème que cherche à résoudre le Contrat social de Rousseau est « de trouver une forme d'association qui défende et protège de toutes ses forces communes les personnes et les biens de chacun, et dans laquelle chacun, uni à tous, ne puisse qu'obéir à lui-même, et rester aussi libre qu'avant » (ROUSSEAU, 2010).

La terreur enlève au citoyen la défense et la protection garanties par le Contrat social. Par conséquent, outre les crimes contre l'humanité, les crimes de guerre, le génocide, l'agression, la piraterie et l'esclavage, le terrorisme doit être puni par un juge ou un tribunal qui exerce la compétence universelle plutôt que la compétence territoriale, matérielle ou autre, car il s'agit d'un crime contre la souveraineté d'une nation, et doit être puni dans le monde entier, même s'il est commis dans des pays qui n'ont pas de lois spécifiques contre lui, ou dans des endroits où il n'y a pas de souveraineté étatique pour créer des lois nationales, comme dans le domaine maritime et international. l'espace aérien (une explication plus détaillée de la juridiction internationale est fournie dans le chapitre suivant).

Les exemples suivants confirment que le terrorisme est un crime au regard du droit international.

Un conflit dans lequel une guérilla, une faction rebelle ou tout type de groupe organisé, se camoufle au sein de la population et ne revendique pas le territoire ou une partie du territoire de la nation, est un conflit non international, asymétrique et de faible intensité lorsque elle atteint un niveau d'opération supérieur à celui de la simple insurrection. Cette explication correspond à la brève définition du terrorisme esquissée ci-dessus.

Une « guerre contre le terrorisme » est plus rhétorique que pratique, comme la « guerre contre la faim », la « guerre contre la drogue » ou la « guerre contre le crime », car pour qu'il y ait une guerre, il faut qu'il y ait au moins deux parties belligérantes en conflit. De plus, la déclaration de guerre n'est plus un instrument juridique dans les relations internationales (article 2, § 4, de la Charte des Nations Unies).

Cependant, un gouvernement peut user de son droit de défense légitime, préventive ou réelle, stipulé à l'article 51 de la Charte des Nations Unies, contre les menaces à son intégrité territoriale ou à sa souveraineté, lorsqu'elles sont commises par des factions rebelles (Hezbollah au Liban, Hamas par rapport à Israël) , des guérillas (Sendero Luminoso au Pérou) et des organisations ou groupes criminels (Fuerzas Armadas Revolucionarias de Colombia et Al Qaïda).

Ces entités commettent des crimes contre l'intégrité des personnes morales de droit international public (États) ou de leur population (élément essentiel pour une nation), afin qu'elles puissent être jugées par les juridictions pénales internationales. En conclusion, les actes terroristes contre des États ou des Nations sont considérés comme des crimes au regard du droit international.

Le Statut de Rome (qui a créé la Cour pénale internationale, signé le 17 juillet 1998) définit les crimes contre l'humanité (article 7 du

Statut de Rome) comme l'un des actes suivants lorsqu'il est perpétré par une attaque, généralisée ou systématique, contre tout civil population, avec l'intention spécifique (*dolus specialis*) de les commettre (certaines définitions ne sont pas directement liées au terrorisme et ont été omises) :

(a) meurtre;

(b) l'extermination ;

d) déportation ou transfert forcé de population;

(h) la persécution contre tout groupe identifiable ;

(i) disparition forcée de personnes ;

(k) d'autres actes inhumains similaires, causant de grandes souffrances ou des atteintes graves à l'intégrité physique ou à la santé physique ou mentale.

Les crimes contre l'humanité, tels que définis dans le Statut de Rome, sont une définition large qui englobe de nombreux crimes relevant du droit international, à l'exception de ceux qui ne sont pas spécifiquement énumérés ou mentionnés. Le génocide, par exemple, serait considéré comme un crime contre l'humanité, mais il a une définition pénale spécifique, pour le distinguer du terme général « Crimes contre l'humanité ».

En outre, les actes de terrorisme généralisés et systématiques sont des crimes inclus dans la définition large des « crimes contre l'humanité » telle que définie ci-dessus. Toutefois, le terrorisme pourrait être plus fortement prévenu si l'acte criminel de "terrorisme" était défini comme un crime au regard du droit international.

Les définitions du terrorisme se trouvent dans les lois nationales et internationales de nombreux pays, mais tous les États doivent définir le terrorisme dans leurs lois nationales pour se conformer à ses termes. Cependant, si le terrorisme est considéré comme un crime au regard du droit international, une seule définition est nécessaire, basée sur les normes internationales, et elle s'appliquerait à l'ensemble de la communauté internationale.

Même sans définition spécifique dans le Statut de Rome, n'importe lequel des actes décrits à l'art. 7 du Statut de Rome peut être considéré comme du terrorisme (le Code des crimes contre la paix et la sécurité de l'humanité, art. 20, f, (iv), fait référence aux actes de terrorisme en violation du DIH dans les conflits armés non internationaux tels que les crimes internationaux . Selon Brownlie, les articles sont devenus redondants après le Statut de la Cour pénale internationale (BROWNLIE, Ian. Principles, p. 561), en particulier les grandes souffrances ou les atteintes graves à l'intégrité physique ou à la santé physique et mentale décrites au point (k) , lorsqu'elles sont commises par un groupe organisé, une guérilla ou une faction rebelle.

Les guérillas ne sont pas des organisations terroristes, mais lorsqu'elles utilisent la terreur comme méthode pour combattre un État ou une nation, elles commettent également un crime au regard du droit international.

Les guérillas sont des opérations de combat menées en territoire occupé par l'ennemi, principalement par des forces militaires ou paramilitaires du pays occupé.

Les guérilleros sont autorisés à combattre (ils sont des combattants légaux) et reçoivent le statut de prisonnier de guerre lorsqu'ils sont capturés. Ce sont des résistants, des milices et des organisations bénévoles qui ne font pas partie des forces armées régulières d'un pays, opèrent à l'intérieur ou à l'extérieur de son territoire, même si ce territoire est occupé, mais doivent répondre à quatre exigences :

- Avoir un commandant responsable de ses subordonnés (chaîne de commandement) ;

- Avoir un signe distinctif reconnaissable à distance (uniformes, insignes) ;

- Avoir les armes ostensiblement ;

- Respecter, dans leurs opérations, les lois et coutumes de la guerre.

(Article 4 de la Troisième Convention de Genève sur le traitement des prisonniers de guerre).

Lorsque le guérillero utilise des méthodes ou des moyens de combat illégaux, y compris le terrorisme, il devient un criminel de guerre, perd la protection garantie aux combattants et, une fois capturé, ne peut être considéré comme un prisonnier de guerre et doit être poursuivi par un tribunal international ou la loi nationale en vertu de compétence universelle.

D'autre part, le terroriste ne remplit pas toutes les conditions ci-dessus. Il ne peut pas être considéré comme un prisonnier de guerre, mais cela ne veut pas dire qu'il n'est pas un combattant, pour le fait évident qu'il y a toujours un conflit armé et qu'il y est impliqué. Par conséquent, il est un combattant illégal, avec le même statut juridique qu'un espion, utilisant des moyens et des méthodes de combat illicites.

Tout combattant reconnu comme tel en vertu du droit international humanitaire peut ou non être considéré comme un prisonnier de guerre, selon son comportement sur le terrain lorsqu'il a pris les armes contre un gouvernement, un État ou une nation. Le terroriste n'est pas différent de n'importe quel combattant au début du conflit, mais dès qu'il attaque des civils dans le but de gagner le combat par peur de la population, il cesse de combattre légalement et perd la protection du droit international humanitaire.

En conclusion, le terroriste est un criminel de guerre et doit être poursuivi comme tel (en considérant le terrorisme comme un crime de droit international, cela crée une obligation erga omnes pour tous les États de prévenir et de réprimer les activités terroristes et de poursuivre leur État. Un État ne peut affirmez que le terrorisme n'est pas un crime en vertu de votre législation nationale, et que vous ne pouvez pas non plus accorder l'asile/l'immunité aux terroristes).

Un autre exemple est le terroriste qui utilise un civil en otage avec le dolus specialis pour négocier avec le gouvernement, et aussi comme bouclier humain lors d'une situation ; il utilise une méthode illégale pour combattre un gouvernement à des fins politiques. C'est du terrorisme lorsqu'il atteint une grande ampleur et gravité, c'est-à-dire une menace pour l'existence de l'État.

Dans tous ces cas, peut-il être jugé par une juridiction nationale ? La question peut être posée autrement : le juge national est-il suffisamment compétent et impartial pour connaître d'un tel crime, alors que sa patrie, la population qui le comprend, sa famille et ses amis, l'État pour lequel il travaille, est menacée ?

Une nation économiquement puissante et démocratiquement forte peut ne pas se sentir menacée par l'explosion d'un immeuble ou l'enlèvement d'un haut fonctionnaire. Mais les États instables sont beaucoup plus faciles à démolir et leurs peuples sont plus vulnérables au terrorisme.

7. RÔLE DES COURS DE JUSTICE LOCALES ET INTERNATIONALES

Une fois qu'il a été établi que le terrorisme peut être considéré comme un crime en droit international pour des poursuites judiciaires appropriées, le système judiciaire dispose de cinq options pour poursuivre le crime de terrorisme :

- Initier une action en justice devant un tribunal national, composé uniquement de juges nationaux ;

- Mettre en place une Cour Pénale Spéciale pour analyser ce crime spécifique ;

- Créer une Cour Pénale Internationale, dans le même but ;

- renvoyer l'affaire devant la Cour pénale internationale de La Haye ;

- Créer un tribunal hybride, avec des juges nationaux et internationaux, pour l'affaire.

De tout ce qui précède, nous concluons qu'un tribunal national (un tribunal pénal de l'État ou de la nation touché) peut ne pas poursuivre adéquatement le terroriste, pour plusieurs raisons : une manifestation publique visant à punir sévèrement le terroriste peut nuire à l'impartialité du juge national (sa Son impartialité serait garantie si l'acte ne vous impliquait pas, vous ou votre famille et amis proches, par exemple, mais cela est très peu probable, car l'acte terroriste vise l'ensemble de la population civile.). Le juge lui-même peut perdre son impartialité par la haine que l'acte terroriste a pu lui causer, puisque le terroriste a attaqué ou tenté de détruire les institutions politiques de son pays d'origine.

De même, les tribunaux pénaux spéciaux (ou les tribunaux militaires spéciaux) manquent souvent d'indépendance et d'impartialité suffisantes, ce qui peut entraîner des violations du droit à un procès équitable et/ou un accès limité aux avocats, aux témoins ou à d'autres moyens de prouver l'innocence.

Exemple : Tribunal spécial pour la Sierra Leone, créé en 2006 pour poursuivre et poursuivre Charles Taylor sur 11 chefs de crimes de guerre et crimes contre l'humanité. Sa présence au Libéria a menacé le fragile processus de paix et il a été transféré à La Haye pour y être jugé (RAM, Sunil. The History of UN Peacekeeping Operations From Retrenchment to Resurgence, p. 168).

Obtenir justice en dehors de l'état de droit est une vengeance et n'arrête pas le terrorisme. Au contraire, elle accroît la haine des autres contre le gouvernement vengeur, créant un cercle vicieux de violence entre le gouvernement et l'opposition armée, dans lequel la population subit une force centrifuge au centre.

Un crime au regard du droit international nécessite la poursuite et le jugement d'un tribunal utilisant la compétence universelle, qui est garantie par tout tribunal fédéral (la compétence pour examiner les violations graves des droits de l'homme est généralement accordée aux tribunaux fédéraux car, dans de tels cas, l'État peut avoir violé une obligation en vertu du droit international (par exemple, la Convention internationale relative aux droits civils et politiques, résolution de l'Assemblée générale du 16 décembre 1996) d'un gouvernement. Cependant, pour garantir une procédure régulière lors de la poursuite de crimes qui ont provoqué un sentiment commun et généralisé de révulsion et d'indignation, nous devons tirer les leçons des expériences et des leçons du passé.

7.1. TRIBUNAUX PENAUX INTERNATIONAUX

Le Tribunal pénal international pour l'ex-Yougoslavie (TPIY) a été créé par la Résolution n° 827 du Conseil de Sécurité du 25 mai 1993, sur la base du Chapitre VII de la Charte des Nations Unies. Il est compétent pour poursuivre les personnes responsables de violations graves du droit international humanitaire commises sur le territoire de l'ex-Yougoslavie depuis 1991, conformément aux dispositions de son

Statut (article 1 du Statut du Tribunal pénal international pour l'ex-Yougoslavie).

La compétence du TPIY était limitée aux violations graves des Conventions de Genève. Autrement dit, les violations des lois et coutumes de la guerre, les crimes de génocide et les crimes contre l'humanité commis sur le territoire de l'ex-Yougoslavie depuis le 1er janvier 1991.

Bien que sa compétence soit parallèle à celle des tribunaux nationaux de chaque État partie, le TPIY avait une compétence principale et pouvait demander aux tribunaux nationaux de renoncer à leur compétence. Conformément au principe non bis in idem (une personne ne peut être condamnée plus d'une fois pour le même crime), les affaires déjà traitées et jugées par une juridiction nationale ne peuvent pas être examinées par le TPIY. Toutefois, à titre dérogatoire, afin que nul ne puisse échapper à sa responsabilité pénale, l'auteur de l'infraction peut être renvoyé devant le TPIY si le fait n'a pas été qualifié d'infraction en droit national, si la décision n'est pas impartiale ou indépendante, ou si le dossier n'a pas été traité correctement.

Le TPIY peut condamner à la prison, comme d'autres tribunaux nationaux de l'ex-Yougoslavie, mais il ne peut pas vous condamner à mort. Il a également été en mesure de déterminer la restitution des biens obtenus par des moyens illégaux à leurs propriétaires légitimes. Les juges étaient élus par l'Assemblée générale des Nations Unies, sur proposition des États dont ils étaient ressortissants.

Le Tribunal Pénal International pour le Rwanda (TPIR) a été créé le 8 novembre 1994 par Res CS 955 en utilisant le Chapitre VII de la Charte, le TPIR était compétent pour poursuivre les personnes responsables d'actes de génocide, de crimes contre l'humanité, de violations de l'article 3 commun au Conventions de Genève et son Protocole additionnel II, ou d'autres violations graves du droit international humanitaire, commises sur le territoire du Rwanda et sur le territoire des pays voisins, entre le 1er janvier et le 31 décembre 1994, conformément aux dispositions de son Statut (Statut du la Cour pénale internationale pour le Rwanda, art. 1).

Le TPIR, comme le TPIY, avait la même compétence que les tribunaux pénaux nationaux, avait une compétence principale et avait le pouvoir de porter des affaires sous la compétence des tribunaux nationaux. Comme au TPIY, le principe *non bis in idem* ne s'appliquait pas dans les mêmes affaires (poursuite comme un crime de droit commun, procès inéquitable ou non indépendant). Il a pu condamner pour les mêmes crimes que les juges nationaux (sauf la peine de mort) et ordonner la restitution des biens à leurs propriétaires.

7.2. LA COUR PÉNALE INTERNATIONALE (CPI)

Après les événements survenus en ex-Yougoslavie et au Rwanda, la communauté internationale s'est rendu compte qu'il était nécessaire d'accroître la répression de la criminalité internationale par le biais d'instruments pénaux internationaux. Ainsi, deux tribunaux internationaux ad hoc (pour l'affaire) ont été créés pour l'ex-Yougoslavie (TPIY) et le Rwanda (TPIR) et, récemment, la Cour Pénale Internationale (créée par le Statut de Rome le 17 juillet 1998. De nombreuses délégations ont recommandé le projet Statut de la CPI à l'Assemblée générale en 1994 car il serait plus approprié que les tribunaux régionaux ad hoc créés par le Conseil de sécurité (BROWNLIE, Ian. Principles, p. 571). Bien que le TPIY et le TPIR aient été activés peu après leur création, la CPI a commencé ses activités le premier jour du mois suivant le dépôt de la soixantième ratification de son traité fondateur (Statut de Rome). En d'autres termes, il est actif depuis le 1er juillet 2002.

L'article 1 du Statut de Rome établit qu'une Cour pénale internationale est créée, une institution permanente, qui peut exercer sa compétence sur des individus, en ce qui concerne les crimes relevant de la compétence internationale. Leur compétence est complémentaire du rôle des juges pénaux nationaux.

La compétence de la Cour est limitée aux crimes les plus graves affectant la communauté internationale dans son ensemble. Selon son Statut (art. 1, § 5 du Statut de Rome), la Cour est compétente pour connaître des crimes suivants :

- Génocide (détruire, en tout ou en partie, un groupe national, ethnique, racial ou religieux, par la mort de membres du groupe, ou causer des atteintes graves à l'intégrité physique ou mentale, ou infliger des conditions d'existence propres à entraîner sa destruction, totale ou physique en partie, ou imposition de mesures pour empêcher les naissances au sein du groupe, ou transfert forcé d'enfants d'un groupe à un autre);

- Crimes contre l'humanité (attaques généralisées ou systématiques contre toute population civile, telles que meurtre, extermination, réduction en esclavage, déportation ou transfert forcé de population, emprisonnement ou autre privation grave de liberté physique en violation des normes fondamentales du droit international, torture, viol, l'esclavage sexuel, la prostitution forcée, la grossesse forcée, la stérilisation forcée ou toute autre forme de violence sexuelle comparable, le harcèlement contre tout groupe ou collectivité identifiable en termes politiques, raciaux, nationaux, ethniques, culturels, religieux, de genre ou autres universellement reconnus comme interdits en vertu droit international, en relation avec tout acte considéré comme un crime contre l'humanité ou tout crime relevant de la compétence de la CPI) ;

- Crimes de guerre (violations graves des Conventions de Genève du 12 août 1949, contre des personnes ou des biens protégés par les dispositions pertinentes des Conventions de Genève, telles que l'homicide intentionnel, la torture ou les traitements inhumains, y compris les expériences biologiques, qui causent intentionnellement de grandes souffrances, ou atteinte grave à l'intégrité physique ou à la santé, destruction massive et appropriation de biens, non justifiées par des nécessités militaires et effectuées de manière illégale et sans provocation, pour contraindre un prisonnier de guerre ou une autre personne protégée à servir intentionnellement dans les forces d'une puissance ennemie, priver un prisonnier de guerre ou une autre personne protégée des droits à un procès équitable et régulier, à la déportation forcée, au transfert ou à la détention, à la prise d'otage) ;

- Crime d'agression (planification, préparation, déclenchement ou financement d'une guerre d'agression, ou guerre en violation des traités, accords ou garanties internationaux, ou participation à un plan commun ou complot pour se conformer à ce qui précède).

Le Statut de la Cour a été approuvé à Rome le 17 juin 1998. Contrairement à la Cour internationale de justice (CIJ), qui examine les différends entre États, la Cour Pénale Internationale est compétente pour poursuivre les personnes accusées de crimes particulièrement graves : génocide, crimes contre l'humanité, crimes de guerre crimes et crimes d'agression. La CPI n'exerce sa compétence que lorsque l'État de nationalité de l'accusé, ou le territoire de l'État dans lequel le crime a été commis, est partie à la Convention, ou lorsque le consentement est expressément donné. La Cour est complémentaire des juridictions nationales. La Cour n'interviendra que lorsque les juridictions nationales ne sont pas en mesure ou refusent de traduire les responsables en justice (*aut dedere aut judicare*).

La CPI peut engager le processus lorsqu'elle est provoquée par les États parties, le Conseil de sécurité ou d'office, avec l'autorisation préalable de la Chambre préliminaire. Contrairement à d'autres juridictions internationales et pénales (limitées dans le temps et dans le territoire), la CPI peut exercer sa compétence et sa compétence sur le territoire de tout État partie et, moyennant un accord spécial, sur le territoire de tout État.

Les juges de la CPI sont élus par l'Assemblée générale des Nations Unies sur une liste établie par le Conseil de sécurité, après avoir été nommés par l'État dont ils sont ressortissants.

L'article 89 du Statut de Rome crée un institut important : la reddition (délivrance). La CPI peut envoyer une demande d'arrestation et de remise d'un individu, accompagnée des documents mentionnés à l'article 91, à tout pays sur le territoire duquel cette personne se trouve, et requérir la coopération de cet État pour l'arrestation et la remise de cet individu. . Les États parties répondront aux demandes d'arrestation et de remise conformément au chapitre neuf (Coopération internationale et assistance juridique) et procéderont conformément aux réglementations nationales.

Cet instrument juridique a été créé pour éviter les problèmes d'extradition, et seule la CPI peut utiliser la demande de remise pour les crimes relevant de sa compétence. L'État partie ne peut rejeter une telle demande que lorsque l'accusé est déjà poursuivi pour le même crime ou a déjà été jugé (condamné ou acquitté) dans la même affaire.

7.3. JURIDICTION PÉNALE INTERNATIONALISÉE

La troisième génération de juridiction pénale internationale, les tribunaux pénaux internationalisés ou les tribunaux pénaux hybrides sont une autre option pour poursuivre les crimes relevant du droit international. Elle est aussi appelée justice pénale internationale de proximité.

Cette branche de la justice pénale regroupe les mécanismes juridictionnels dans lesquels les juges nationaux travaillent côte à côte avec les juges internationaux, appliquant la législation du pays où les faits illicites ont été commis, permettant à l'État et à sa population de participer au processus de condamnation ou d'acquittement. accusé de crimes internationaux.

Le plus grand avantage de cette méthodologie est d'être proche de la communauté qui a été témoin des crimes commis. Cependant, ce sont des juges *ad hoc*, à compétence universelle, nommés pour assurer la fluidité de la procédure, notamment dans les crimes où il existe une forte pression interne qui peut influencer l'impartialité du juge national.

Un autre avantage important est l'audition facile et rapide des témoins et la production de preuves par les deux parties, car elles sont proches des juges, et la Cour peut utiliser le système judiciaire national pour procéder à des arrestations, des notifications et des citations à comparaître. De plus, un procès équitable, impartial et équitable vu par l'ensemble de la population peut avoir un effet dissuasif sur d'autres terroristes potentiels.

Le jugement des juridictions pénales internationalisées est fondé sur la compétence interne de l'État, relative à la matière, à la personne ou au lieu (*ratione materiae, personae* ou *loci*), mais il est également fondé sur la compétence universelle. Il n'y a donc pas atteinte à la souveraineté de l'État, évitant le problème principal de l'application de la compétence universelle de manière isolée.

Exemple : tribunaux au Cambodge, pour l'affaire des *Khmers rouges*, avec trois juges nationaux et deux juges internationaux, et la Cour d'appel avec quatre juges nationaux et trois juges internationaux.

Exemple : Tribunal au Liban, pour le procès pour l'assassinat du Premier ministre Rafic Hariri, avec deux juges internationaux et un juge libanais, et la Cour d'appel avec trois juges internationaux et deux juges libanais.

7.4. ASPECTS DE LA JUSTICE TRANSITIONELLE

La justice transitionnelle peut être comprise comme une branche de la justice qui réglemente les exceptions qui échappent au gouvernement de la justice commune. Ce n'est pas une justice punitive, puisque l'objectif principal n'est pas le procès et la condamnation des criminels. L'objectif stratégique est de rétablir des liens sociaux et humains avec les victimes, réconciliant la population, souvent après un conflit armé non international ou un acte terroriste qui a divisé la population entre indignés et sympathisants.

La justice transitionnelle repose sur quatre piliers qui fournissent de nombreux mécanismes permettant à une société dépendante de la haine et de la violence de subir un processus de pacification et de normalisation. Concrètement, le but de la justice transitionnelle est de s'attaquer au lourd héritage des abus et des violations des droits d'une manière globale et holistique, englobant le droit à la vérité, le droit à la justice, le droit à réparation et les garanties de non-répétition, par des réformes institutionnelles (LA JUSTICE TRANSITIONELLE, 2016).

Comment réapprendre à vivre en harmonie, malgré les cicatrices du passé, les souffrances individuelles et les fractures sociales, héritées d'un conflit armé ou d'un régime totalitaire violent ? A partir de cette question compréhensive, il est possible d'identifier quelques éléments clés, principes et choix stratégiques qui conditionnent le processus de traitement du passé, en cherchant à le faciliter. L'expérience montre que, malgré les difficultés, il est possible de mettre en œuvre une stratégie d'affront au passé qui permette, par des étapes progressives et réalistes, de rétablir un climat de confiance et d'équilibre social conduisant au retour de la paix en toute sécurité. Les principales opportunités sont communes à tous les cas : sauver la dignité et la responsabilité de chacun dans un projet de société commun, sortir des impasses et construire une nouvelle possibilité de vie en communauté.

De nombreux conflits armés et régimes totalitaires se caractérisent par une idéologie, une vision du monde qui est censée être meilleure que d'autres, et sa mise en œuvre, même par la force, serait dans le meilleur intérêt de la population. Pour avoir un conflit armé, il faut caractériser un ennemi, quelqu'un avec qui combattre, et l'idéologie remplit cette fonction de le caractériser, selon la couleur, la race, l'origine, la religion ou l'origine ethnique. Pour générer une paix sociale durable, il faut lutter contre l'ennemi et aussi contre son idéologie.

Cependant, une idéologie ne peut pas être combattue par une contre-idéologie, une vision du monde diamétralement opposée à la vision de l'ennemi. « La recherche d'une contre-idéologie, visant à réprimer l'idéologie totalitaire, est inutile. L'idéologie contre-démocratique est un mythe. La démocratie ne doit pas se laisser enfermer dans les termes définis par la pensée totalitaire et construire un reflet antithétique de cette pensée. L'idéologie est un mensonge, l'idéologie communiste est un mensonge total, étendu à tous les aspects de la réalité. Proposer la libre pensée pour se défendre, construire un délire systématique, en sens inverse, c'est vous proposer de vous suicider pour éviter d'être tué. S'il est vrai que rien n'est moins efficace qu'un mirage pour détruire un autre mirage, il est également vrai que la civilisation démocratique ne peut survivre que si elle s'oppose aux pensées idéologiques ; aux mensonges, connaissance de la réalité; à la propagande, non à la contre-propagande, mais à la vérité (REVEL, J.R. Como terminam as democracias, cité par AUGUSTO, Agnaldo Del Nero, A grande mentira).

Dans chaque État organisé, les forces armées sont responsables de la défense de la nation. Lorsque la stabilité ou même l'existence de la nation est menacée par un conflit armé, même interne ou de faible intensité, il est inconcevable que les détenteurs du monopole de l'usage de la force restent oisifs. Cela implique deux responsabilités pour les forces armées : comme l'*ultima ratio regis* (ou *ultima ratio legis*) (« La dernière alternative du roi » est une expression courante dans la doctrine militaire, cela signifie que les forces armées ne doivent être utilisées que dans les cas graves, lorsque les autres options de gestion de crise sont inefficaces ou insuffisantes (le même sens peut être attribué à l'expression « la dernière alternative de la loi », l'utilisation de la force militaire comme mesure extrême de résolution de crise), ce seront les institutions qui seront capables de gouverner le processus de transition, surtout s'ils sont légitimés par leur neutralité politique dans le conflit. D'autre part, le possible mépris de la dignité humaine, pratiqué par les agents de l'État lors de leur emploi, peut déstabiliser à moyen et long terme la paix, obtenue par la force des armes. Lorsque la victoire militaire n'atteint pas son objectif politique que sont la paix sociale, le développement économique et la sécurité juridique, le discours du parti vaincu s'impose tôt ou tard, initiant un révisionnisme/vengeance qui peut conduire à nouveau au conflit.

Dans tous les types de conflits armés, l'une des règles les plus importantes pour la conduite des hostilités est que toutes les personnes qui ne participent pas ou ne participent plus au conflit doivent être traitées avec humanité et ne doivent pas être soumises à des actes contre leur vie et leur intégrité physique , y compris les mutilations, la torture et autres traitements cruels. En outre, toute personne impliquée dans les combats, quelle que soit sa nationalité, doit respecter les règles fondamentales de conduite des hostilités, qu'il s'agisse de forces armées, de milices, de combattants de la liberté ou de guérillas.

Or, l'asymétrie d'un conflit, notamment en ressources technologiques, peut conduire la partie défavorisée à ignorer les règles du DIH pour agir, c'est-à-dire à utiliser la seule alternative possible pour continuer à se battre. Cependant, cette option est illégale et devrait être considérée comme un crime au regard du droit international. Même si l'opposant commet des atrocités, il n'est pas permis à tout agent de l'État de recourir aux mêmes moyens, sous peine de compromettre l'objectif politique recherché et d'être également accusé de crimes, aux termes du droit national ou international.

Ainsi, la paix sociale, tant souhaitée par les individus et les populations, peut être obtenue par différents moyens, qu'ils soient diplomatiques ou militaires. Cependant, pour le maintenir, il est nécessaire de garantir le respect des droits économiques, sociaux et culturels, en plus des droits civils et politiques, et aussi de garantir la vérité sur le sort individuel des éléments qui ont participé de part et d'autre de la conflit et le maintien et la prise de conscience de la vérité historique qui s'est produite à la population à cette occasion particulière.

8.   EFFORTS   DE   LA   COMMUNAUTÉ INTERNATIONALE CONTRE LE TERRORISME

Trois semaines après les attentats terroristes contre le World Trade Center, le Pentagone et le détournement d'un autre avion qui s'est écrasé au sol le 11 septembre 2001, le Conseil de sécurité de l'ONU a adopté la résolution 1373. C'est un document inhabituel car pour la première fois un résolution fondée sur le chapitre VII a été créée pour s'appliquer à tous les États membres de l'ONU. Son objectif est de prendre des mesures pénales, financières et administratives pour mettre fin au soutien aux personnes physiques et morales impliquées dans le terrorisme.

La résolution 1373 (2001), du 28 septembre 2001, demande aux États d'éviter tout soutien financier aux actes terroristes par des procédures juridiques et financières très strictes ; ne fournissent aucune forme de soutien aux entités liées au terrorisme ; configurer les actes terroristes comme des actes criminels graves en vertu du droit national, avec des peines sévères ; et établir des procédures pour filtrer les terroristes potentiels avant de leur accorder le statut de réfugié lorsqu'ils sont impliqués dans la planification, la participation ou l'exécution d'actes terroristes.

Le Comité Contre le Terrorisme (CCT) a été créé par la résolution 1373 (2001) pour superviser la mise en œuvre de ces mesures, ainsi que pour renforcer la capacité des gouvernements à combattre le terrorisme. Tous les membres du Conseil de sécurité font partie du CCT. La résolution 1373 exige que tous les États informent le CCT de l'adoption de telles mesures, démontrant que des procédures ont été créées pour se conformer à la résolution, le tout dans les 90 jours.

Il n'y a aucune référence dans la Résolution 1373 sur le respect des droits de l'homme internationaux, du droit humanitaire et du droit des réfugiés. La situation a été résolue par la résolution n° 1456 du

Conseil de Sécurité du 20 janvier 2003, qui exige des États parties qu'ils garantissent que les procédures de lutte contre le terrorisme sont menées conformément à toutes les dispositions législatives connexes. International. Cela exige également que des mesures soient prises pour se conformer au droit international, en particulier au droit international des droits de l'homme, aux réfugiés et au droit humanitaire. La résolution 1456 a été une étape importante et un pas en avant pour assurer le respect des valeurs internationales des droits de l'homme.

La Direction Exécutive Contre le Terrorisme (DECT) a été créée en mars 2004 pour garantir l'assistance institutionnelle à l'engagement contre le terrorisme. Le CTED dispose d'une équipe d'experts pour fournir des conseils techniques au CCT sur les aspects techniques des rapports gouvernementaux.

Les rapports au CCT doivent d'abord rendre compte des progrès réalisés dans le positionnement de la législation pour mettre en œuvre toutes les mesures de la résolution 1373, et les mesures prises pour faire partie des conventions et protocoles internationaux sur le terrorisme ; en outre, ils rendent compte de la mise en œuvre de mesures administratives efficaces pour prévenir et réprimer le financement des groupes terroristes.

Une étape supplémentaire dans le signalement devrait inclure les structures exécutives (police, renseignement et douanes, immigration et contrôle des frontières ; interdiction d'accès au matériel de guerre) pour empêcher les nouvelles recrues des groupes terroristes, leurs réunions, les lieux sûrs ou d'autres mesures de soutien aux groupes terroristes ou à leurs membres .

La méthodologie de travail du CCT et du CTED comprend :

- Visites de pays pour évaluer la nature et l'assistance fournie conformément à la Rés. 1737 du Conseil de sécurité et de surveiller ses progrès ;

- Des programmes d'assistance technique, financière, réglementaire et législative pour connecter les pays ;

- Compléter les rapports pays sur les circonstances de la lutte contre le terrorisme, et devenir également un canal de dialogue pour le Comité ;

- Les meilleures pratiques, codes et normes, afin que les gouvernements puissent les appliquer selon leurs besoins et leurs obligations ;

- Rencontres avec des organisations internationales et régionales pour parvenir à l'unité des efforts et utiliser au mieux les ressources.

Le terrorisme est une menace réelle dans d'innombrables pays à travers le monde. Cependant, les méthodes antiterroristes doivent respecter les valeurs fondamentales du système juridique international. Tous les instruments et directives dont disposent les pays doivent être utilisés pour empêcher la propagation de la terreur.

En bref, la lutte contre le terrorisme ne doit pas terroriser la population touchée ou la terreur se poursuivra avec d'autres auteurs. Par conséquent, pour éviter cela, le droit international ainsi que le droit humanitaire doivent être respectés sans exception.

Certains pays soutiennent que des pouvoirs spéciaux sont nécessaires pour répondre à la menace terroriste exceptionnelle et sans précédent. Ces pouvoirs spéciaux peuvent inclure :

- Des définitions larges et subjectives du terrorisme qui s'apparentent à des crimes politiques ;

- Pouvoir d'arrêter et de détenir des personnes sans mandat judiciaire ;

- Entrer dans les maisons sans mandat judiciaire ou en flagrant délit ;

- Violer la confidentialité des communications et de la correspondance sans ordonnance du tribunal ;

- Maintenir les détenus au secret, y compris vis-à-vis de leur famille et de leurs avocats ;

- Maintenir la détention provisoire indéfiniment ;

- Traduire des terroristes devant des tribunaux militaires ou *ad hoc* ;

- Utiliser des méthodes d'enquête qui peuvent apparaître comme de la torture ;

- Utilisation de renseignements obtenus illégalement dans une enquête.

Au niveau stratégique, l'effort mondial de lutte contre le terrorisme du Conseil de sécurité et d'autres acteurs internationaux intéressés est bien planifié, bien dirigé et efficace. Aujourd'hui, il est très difficile pour un pays ou une organisation de soutenir des terroristes, de financer des groupes illégaux, d'organiser des camps d'entraînement pour les recrues, car les États parties et/ou la communauté internationale les pénaliseront par des embargos et des restrictions en matière diplomatique et économique.

Cependant, au niveau tactique, les pouvoirs spéciaux accordés pour prévenir le terrorisme, souvent non accompagnés d'une responsabilité administrative et pénale pour les fautes commises par des responsables gouvernementaux, ont provoqué une grande peur parmi la population. La peur de la population, surtout lorsqu'elle provoque l'ostracisme et l'isolement des minorités, est contre-productive et contraire à tous les efforts de lutte contre le terrorisme. Il n'est pas efficace de combattre la peur avec plus de peur.

9. ASPECTS DE LA GUERRE JURIDIQUE CONTRE LE TERRORISME

Le terme *Lawfare* (guerre légale), ou simplement l'utilisation du droit comme arme de guerre, est une expression couramment utilisée pour définir la guerre à travers des outils juridiques (habeas corpus en faveur des capturés, *notitia criminis* pour les tribunaux nationaux, réclamations pour le droit international , par exemple) lorsqu'une ou plusieurs parties au conflit ne respectent pas les procédures légales et les droits de l'adversaire. En règle générale, une pratique est planifiée, gérée et exécutée sous le couvert de la légalité, ce qui peut souvent être facilité par les médias sociaux, que ce soit délibérément ou accidentellement.

Par conséquent, la guerre légale est une pratique qui est actuellement menée pour atteindre divers objectifs militaires, politiques et même commerciaux. Dans le domaine militaire, la guerre est l'utilisation de manœuvres légales à la place ou en collaboration avec la puissance militaire, « en vue d'atteindre certains objectifs de politique étrangère ou de sécurité nationale, c'est-à-dire qu'elle constitue une forme de guerre asymétrique dans laquelle le le droit ou le droit au sens large est utilisé comme un instrument de combat, une véritable arme de guerre » (D'ARC, Moizés. Le droit comme instrument de combat.<https://revista.mpm.mp.br/ artigo/articles-inédits-la-loi-comme-instrument-de-combat/>).

Lawfare englobe la manière dont les belligérants, en particulier ceux technologiquement inférieurs parce qu'ils ne peuvent pas résister aux capacités militaires de leurs adversaires, tentent d'employer le système juridique dans le contexte du combat sous la forme de guerre asymétrique (DUNLAP Jr, Charles. - une introduction. <https://www.armyupress.army.mil/Portals/7/military-review/ Archives/Portuguese/4thQtr17/a-guerra-juridica-uma-introducao.pdf>). Avec cette manœuvre, ils recherchent l'égalité sur le champ de bataille, pas toujours avec l'usage légitime de la loi. Par conséquent, l'utilisation excessive et abusive de la loi peut prendre différentes formes. La communauté internationale reconnaît déjà certaines tactiques qui, en général, pointent vers la manipulation de l'opinion publique avec l'apparence d'illégalité ou d'abus dans les actions de l'opposant.

Les principales pratiques utilisées sont :

- abus du droit de nuire et de dé-légitimer les opposants ;

- promouvoir des actions en justice pour discréditer l'opposant dans le but d'influencer l'opinion publique ;

- utiliser les médias pour faire connaître de fausses violations ;

- l'utilisation de la loi comme moyen d'humilier, d'intimider et même de punir l'adversaire.

Son utilisation peut être identifiée, principalement par des acteurs non étatiques qui utilisent la guerre légale comme l'aspect principal de leur stratégie contre les forces militaires de haute technologie. Ceux qui adoptent la guerre légale cherchent à utiliser l'ordre juridique pour faire appliquer la loi par leur adversaire dans une vulnérabilité ou une limitation, tout en ne le respectant pas afin d'obtenir des avantages tactiques.

Le cœur de *Lawfare* est d'utiliser le respect d'une partie pour la loi et la primauté du droit contre elle-même. Poursuivre l'État de droit démocratique en se protégeant devant la loi contre l'ennemi et, en même temps, en ignorant la loi pour la conduite des hostilités. La loi ne peut être utilisée contre l'État de droit lui-même.

Une pratique récurrente et couramment adoptée est l'utilisation de tactiques malhonnêtes et souvent inhumaines par des civils, y compris les plus vulnérables (femmes, personnes âgées et enfants) comme «boucliers humains», puis accusant l'autre partie d'attaques aveugles contre la population civile ou de crimes. . de guerre.

Le principal défi lié à la guerre légale se trouve chez les acteurs non étatiques dans les conflits armés, tels que le terrorisme. Actuellement, les groupes criminels, principalement des trafiquants de drogue, ont une organisation typique des mouvements paramilitaires, avec recrutement de personnes, chaîne de commandement, soutien logistique au combat, et ils commettent des actes criminels organisés qui ne sont pas différents des attaques terroristes.

Par exemple, du pouvoir d'arrestation découle le droit d'interroger le suspect, qui fait également partie de toute enquête. Cependant, dans certains cas, des personnes soupçonnées d'activités terroristes sont détenues en dehors de l'état de droit, au secret ou sont détenues au secret et sans accès à un avocat, aux membres de leur famille ou à des recours judiciaires tels que l'habeas corpus, entre autres préoccupations et demandes.

Il parle également des différentes méthodes d'interrogatoire qui peuvent être interprétées comme de la torture, entre autres, qui sont clairement illégales au regard du droit international des droits de l'homme.

Les deux sont menées dans le but de recueillir des renseignements dans des situations sensibles, lorsque tout lien entre le détenu et le monde extérieur pourrait ruiner l'enquête et constituer une menace pour le pays, lorsque le suspect est en réalité un terroriste et pourrait ordonner un attentat à la bombe ou un meurtre.

Toute cette discussion est due à l'utilisation du système juridique des droits de l'homme, qui n'est pas l'outil le plus approprié lorsque le gouvernement traite avec des ennemis dans un conflit armé non international, asymétrique et de faible intensité, où les parties sont le gouvernement et les groupe terroriste/révolutionnaire.

Dans cette situation, le cadre juridique approprié est le droit international humanitaire (DIH). Par conséquent, tout membre d'un parti (militaire gouvernemental ou groupe terroriste) peut être considéré comme un combattant et peut se voir accorder le statut de prisonnier de guerre jusqu'à ce qu'il y ait une base suffisante pour affirmer qu'il a commis un crime de droit international (terrorisme ou autre crime contre l'humanité) De cette manière, des poursuites judiciaires peuvent être engagées devant un tribunal compétent pour connaître de ces crimes.

Ce n'est qu'alors que son statut passera de prisonnier de guerre à criminel de guerre, car il y a suffisamment de preuves qu'il a commis un crime (en utilisant des méthodes de combat illégales, provoquant une terreur généralisée dans la population), et le processus contre lui peut commencer.

En cas d'attentat terroriste, s'il existe le moindre doute sur l'état du détenu, celui-ci doit être considéré comme un prisonnier de guerre, car toute personne qui participe aux combats doit avoir cette garantie, jusqu'à éclaircissement.

Lorsqu'il existe des preuves suffisantes que le terrorisme a été utilisé ou était destiné à être utilisé, et qu'il est clair que le terrorisme est une méthode de combat illégale, il existe des preuves suffisantes pour dire que cet acte terroriste peut déclencher un conflit armé, et que le détenu impliqué dans le terrorisme, il est un combattant potentiel et un prisonnier de guerre potentiel s'il est arrêté.

Un prisonnier de guerre est défini comme tout combattant tombé aux mains de l'ennemi, qu'il s'agisse d'une force armée régulière, d'une guérilla, d'un groupe insurrectionnel ou d'un terroriste. Pour être combattant, une personne doit avoir les conditions suivantes (déjà expliquées ci-dessus):

- Avoir un commandant responsable de ses subordonnés (chaîne de commandement) ;

- Avoir un signe distinctif reconnaissable à distance (uniformes, insignes) ;

- Avoir les armes ostensiblement ;

- Respecter, dans leurs opérations, les lois et coutumes de la guerre.

Tant qu'un terroriste potentiel est considéré comme un combattant, les procédures de surveillance, d'interception des communications, d'arrestation individuelle et de détention pour interrogatoire, toutes sans mandat, sont des méthodes juridiques exécutives de collecte de renseignements ennemis et relèvent du champ d'application du droit international humanitaire et du droit international. Droit des conflits armés.

Lorsqu'une personne soupçonnée de terrorisme est détenue, le statut de prisonnier de guerre (PG) doit être accordé parce qu'il est un combattant légal jusqu'à ce qu'il y ait des preuves qu'il a commis des crimes au regard du droit international.

En tant que prisonnier de guerre, il recevra un traitement approprié aux conditions suivantes :

- sera détenu jusqu'à la fin des hostilités contre ce groupe, car il ne peut être libéré et réintégrer la Partie adverse ;

- il n'aura pas accès aux instruments juridiques tels que l'habeas corpus, ni aux avocats, mais vous n'êtes pas considéré comme ayant commis un crime au regard du droit national ;

- il ne peut communiquer avec personne d'autre que le représentant du Mouvement de la Croix-Rouge et du Croissant-Rouge, afin de ne pas donner d'informations confidentielles à la Partie adverse (groupe terroriste ou personnes affiliées) ;

- il sera traité avec humanité et ne sera en aucun cas obligé de répondre aux questions lors de votre interrogatoire ; et

- en aucun cas il ne sera torturé, et les aveux faits sous la torture seront considérés comme nuls et non avenus, avec pleine indemnisation pour l'individu.

Cependant, lorsqu'il existe une base suffisante pour une accusation de participation ou d'action à un acte terroriste, son statut passera de prisonnier de guerre à criminel (pour terrorisme ou crimes contre l'humanité) en droit international, parce qu'il n'a pas rempli les conditions pour être un prisonnier de guerre : n'a pas respecté les lois et coutumes de la guerre en utilisant des méthodes de combat illégales pour semer la terreur généralisée dans la population civile.

Pour autant, il ne s'est pas distingué de la population civile, car il n'a pas utilisé de signes distinctifs ou uniformes, ce qui viole le principe de discrimination ; il ne portait pas non plus d'armes ostensiblement. Ce sont des exemples clairs de perfidie, une violation du DIH.

Par conséquent, le criminel présumé sera jugé par un tribunal international (ou internationalisé) pour les crimes qu'il a commis. S'il n'y a pas suffisamment de preuves pour le processus, il sera publié.

Cependant, dans tous les cas, vous serez traité avec humanité, c'est-à-dire que vous ne serez pas torturé ou que vous ne subirez pas de traitements cruels, inhumains ou dégradants. S'il s'avère que vous êtes un criminel national, vous serez envoyé devant un tribunal national pour être poursuivi. Un traitement inhumain n'est en aucun cas acceptable.

Une réponse purement militaire au terrorisme peut fournir une solution à court terme, mais elle crée des problèmes à long terme, et la menace peut rester en sommeil, attendant une occasion de se développer à nouveau. Cependant, l'État ne peut pas utiliser des méthodes de combat illégales pour affronter des combattants, même lorsqu'ils utilisent la traîtrise ou d'autres instruments prohibés contre eux.

Une réponse globale au terrorisme doit inclure, entre autres :

- Collecte de renseignements (l'opération de collecte de renseignements (de l'ennemi) est différente de la collecte de preuves dans les enquêtes pénales (contre le citoyen). En DIH, il n'est pas nécessaire d'avoir une ordonnance du tribunal pour recueillir des informations auprès de l'ennemi, puisque cela est relevant du pouvoir exécutif de toute opération militaire) avec des méthodes légales (en droit international humanitaire, l'ordre juridique approprié et applicable) afin qu'elles puissent être utilisées devant les tribunaux pour un procès équitable ;

- Une juridiction pénale internationale ou internationalisée, compétente pour poursuivre et poursuivre les crimes de droit international, tels que le terrorisme ;

- Le respect de la dignité humaine, dans tous les cas et à tout moment.

Il n'y a pas besoin de lois et de réglementations spécifiques pour lutter contre le terrorisme. Les Conventions de Genève, en particulier l'article 3 commun, n'affaiblissent pas la lutte contre le terrorisme. Ces conventions ont été créées peu après la Seconde Guerre mondiale. Ils étaient conscients des besoins militaires, ainsi que de la protection humanitaire, et des abus qui peuvent se produire lorsque ces réglementations ne sont pas respectées.

Le droit humanitaire et les droits de l'homme n'ont pas été créés en temps de paix et de stabilité politique. Sa raison d'être était plutôt de créer un cadre juridique pour répondre efficacement aux crises les plus graves. Les droits de l'homme ne sont pas superflus et ne peuvent être ignorés dans les moments difficiles, même lorsque certains d'entre eux peuvent être suspendus en cas d'urgence. En effet, ils constituent la base d'une réponse efficace aux menaces à la paix et à la sécurité internationales.

Sans aucun doute, le DIH est la valeur essentielle pour le maintien de la paix et de la sécurité internationales et pour lutter contre le terrorisme et d'autres menaces à la stabilité d'un pays (les droits de l'homme sont plus susceptibles d'être respectés dans les pays où l'État de droit prévaut, car il y a la paix et la sécurité juridique. Cependant, si un État est si faible qu'il ne peut maintenir l'État de droit au profit de ses citoyens, la paix est menacée (le DIH est l'ensemble des règles qui guideront la conduite de toutes les opérations contre les vandales du processus de paix).

10. ÉTUDE DE CAS DES GROUPES TERRORISTES RÉVOLUTIONNAIRES

Au 20e siècle, la guérilla s'étend à toute l'Amérique latine. Les principaux groupes de guérilla latino-américains ont émergé en Colombie, au Venezuela, au Pérou, au Guatemala, en Argentine, au Brésil, au Nicaragua, entre autres.

Cependant, seuls deux guérilleros ont réussi sur le continent américain, c'est-à-dire qu'ils ont conquis le pouvoir. Le premier était à Cuba, en 1959, pendant la soi-disant Révolution cubaine, avec les dirigeants Fidel Castro et le martyr Ernesto Che Guevara (l'image du Che était configurée comme une représentation idéale de la guérilla). Le deuxième mouvement de guérilla à se vanter du pouvoir en Amérique latine a eu lieu au Nicaragua en 1979, à travers le Front sandiniste de libération nationale. Les principaux dirigeants étaient Augusto Sandino, fondateur de la guérilla nicaraguayenne dans les années 1920 ; et Daniel Ortega, arrivé au pouvoir en 1979 (CARVALHO, Leandro. "Guérillas en Amérique latine" ; <https://brasilescola.uol.com.br/historia-da-america/guerrilhas-na-america-latina.htm > Consulté le 10 juillet 2020).

Les principales actions des guérilleros consistaient à réaliser le foquismo (ou soi-disant foyers), qui reposait sur l'existence de conditions objectives dans lesquelles la pratique révolutionnaire pouvait être mise en pratique (personnelles, logistiques et idéologiques). La pratique de la guérilla consistait à combattre des approches révolutionnaires basées sur la lutte armée, c'est-à-dire que pour les guérilleros, la lutte armée était le seul moyen de combattre les régimes dictatoriaux présents dans plusieurs pays d'Amérique latine et de conquérir le pouvoir.

Dans plusieurs pays d'Amérique latine, des guérillas aux conceptions politiques et idéologiques différentes, telles que les nationalistes, les marxistes, les guevaristas, entre autres, ont utilisé la lutte armée pour combattre les dictatures installées dans plusieurs pays d'Amérique latine, comme dans le cas du groupe de guérilla *Sendero Luminoso* , actif dans les années 1970 et 1980 au Pérou ; et les FARC (*Fuerzas Armadas Revolucionarias de Colombia*), toujours en activité aujourd'hui.

Créées en 1964 par l'ex-libéral Pedro Antonio Marín, également connu sous le nom de Tirofijo, les FARC sont apparues comme un groupe marxiste-léniniste, opérant dans les campagnes et adoptant des tactiques de guérilla. Le discours idéologique de cette organisation est l'implantation du socialisme en Colombie, la promotion de la répartition équitable des revenus, la réforme agraire, la fin des gouvernements corrompus et les relations politiques et économiques avec les États-Unis, entre autres aspects sociaux (FRANCISCO, Wagner de Cerqueira e "Farc" ; <https://brasilescola.uol.com.br/historia/farc.htm> Consulté le 10 juillet 2020).

Les enlèvements et le trafic de drogue, principalement de cocaïne, sont des pratiques courantes dans les FARC, car avec ces ressources l'organisation obtient de l'argent pour s'équiper militairement. Cependant, à partir des années 1980, le groupe a intensifié l'exploitation du trafic de drogue et de la violence, ce qui a déformé son orientation, devenant une organisation narco-terroriste, dont l'objectif principal est la production et la vente de drogue.

Au Brésil, l'orientation guérilla existait également et a été mise en pratique par la guérilla brésilienne en 1968, dans la célèbre *Guerrilha do Araguaia*, où la guérilla révolutionnaire a adopté la lutte armée comme principal moyen de renverser la dictature militaire installée au Brésil en 1964. Le mouvement de guérilla au Brésil était concentré près de la rivière Araguaia, dans la ville de Xambioá, qui appartenait à l'époque à l'État de Goiás (aujourd'hui elle fait partie de l'État de Tocantins), et à la frontière avec les états actuels du Pará et du Maranhão.

À la fin des années 1960 et au début des années 1970, la Guerrilha do Araguaia a été férocement combattue par l'armée brésilienne. Sous la surveillance du président militaire de l'époque, Garrastazu Medici, plusieurs guérilleros ont été arrêtés ou neutralisés par l'armée brésilienne. Jusqu'à présent, plusieurs corps de guérilleros qui ont combattu dans la Guerrilha do Araguaia n'ont pas été retrouvés.

Par conséquent, les tentatives de guérilla en Amérique latine ont échoué, à l'exception de Cuba et du Nicaragua (comme mentionné ci-dessus), en raison de plusieurs facteurs : le premier serait le fait que les guérillas étaient organisées dans des endroits isolés et éloignés, comme c'est le cas de la guérilla d'Araguaia. Le deuxième facteur était la prépondérance de la question militaire sur la question politique ; et le troisième facteur qui a déclaré l'insolvabilité de la guérilla était le peu d'importance accordée aux particularités historiques et culturelles de chaque région/pays, ce qui empêchait la guérilla de gagner les cœurs et les esprits de la population locale. Ainsi, les guérilleros latino-américains ont commencé à se détacher des médias et ont dû recourir au trafic de drogue pour poursuivre leurs activités.

11. ÉTUDE DE CAS DES GROUPES CRIMINELS QUI PRATIQUENT LE TERRORISME

Le crime organisé a gravi les échelons des villes des métropoles brésiliennes, notamment à Rio de Janeiro, avec l'augmentation du trafic de drogue au début des années 1980 et, en sens inverse, la présence de l'État dans les mêmes localités a diminué. Dès lors, la traite s'est emparée de l'administration des communautés, la traite a fait ses lois et les a mises en pratique, ainsi la traite a proliféré comme une épidémie, et ce pouvoir parallèle est né et s'est développé avec l'émergence et la prolifération des factions criminelles.

Les favelas étaient littéralement dominées par les trafiquants de drogue, qui s'organisaient en factions, tandis que les politiciens voyaient dans cet amoncellement de baraques de vie sous-humaine une opportunité d'acheter des votes. Le crime organisé s'est étendu et a élargi ses tentacules pour atteindre les agents publics corrompus afin de mener leurs activités illicites avec une plus grande liberté.

La traite est devenue de plus en plus forte et a toujours attiré un plus grand nombre d'adhérents à ses factions criminelles. Le trafiquant de drogue, par son pouvoir financier et répressif, est devenu connu et respecté de tous comme le « roi de la colline », le « commandant de la zone ». La traite a commencé à fonctionner dans les différentes communautés comme s'il s'agissait d'une sorte de "gouvernement dictatorial" parallèle à notre régime de droit démocratique, c'est-à-dire un pouvoir parallèle (MARQUES, Arquimedes José Melo. La police, la législation et le pouvoir parallèle https: //www.infoescola.com/ sociedade/a-policia-a-legislacao-e-o-poder-paralelo/> consulté le 10 juillet 2020).

Dans sa « pseudo-propriété », le trafiquant de drogue prend la place de l'État, presque toujours, en échange de faveurs, d'un travail social pour la communauté locale nécessiteuse. Il distribue de la nourriture, des produits d'épicerie et des médicaments qui sont volés sous diverses charges à cette fin. Il fonctionne également comme un "juge oppressif" pour régler les différends des gens. Votre décision n'est pas contestée, elle est effective.

En tant que "juge", il exerce également un jugement sommaire sur son ennemi, son adversaire, ceux qui ne suivent pas ses ordres, l'indicateur de police, le traître de son équipe, qui sont toujours condamnés à mort, une peine non prévue dans le système juridique brésilien. Cette mort peut être par balle ou par une torture cruelle. Les faits publiés par les médias sur les corps constants retrouvés dans certains endroits prouvent la véracité des témoignages, notamment en ce qui concerne les collines de Rio de Janeiro, la périphérie de São Paulo ou les grandes villes du pays.

En tant que dictateur, il fait ses lois, il fait la guerre, l'instabilité sociale, il sème la terreur et la peur au peuple. Il démontre sa puissance économique, sa force militaire et décrète même des couvre-feux, des cessez-le-feu et l'ouverture ou la fermeture de commerces et d'écoles dans "votre localité" quand cela vous arrange. Les véhicules militaires et les hélicoptères ne peuvent pas survoler les zones dominées par le trafic de drogue, sinon ils seront sommairement détruits. Un véritable point noir (zone noire ou refusée).

En tant que « soldats » dispersés, irresponsables et insensibles, les éléments du trafic de drogue exposent leurs armes lourdes aux médias et tirent au hasard depuis leurs cachettes n'importe où dans la ville, tuant ou blessant gravement des enfants, des personnes âgées et d'autres personnes innocentes comme s'il s'agissait étaient aussi normaux que possible. Pour les crimes qui résultent de "balles perdues", personne n'est jamais retrouvé ni tenu pour responsable, et pendant ce temps, les familles des victimes sont détruites, désavouées et ostracisées pour le reste de leur vie.

Grâce au pouvoir financier, le trafic est constamment renforcé avec les armes les plus modernes et les plus sophistiquées disponibles pour attaquer ses adversaires et se défendre ou attaquer la police, lutter contre d'autres groupes, lutter pour de bons points de vente de drogue, lutter pour le contrôle de la drogue la plus élevée et la plus rentable. collines de vente, pour montrer à la communauté locale et à la société en général sa puissance de feu, sa force, son pouvoir parallèle et, de plus en plus, être respectée et obéie de tous.

Grâce à ses tentacules de corruption dans divers secteurs, le crime organisé peut déplacer des armes lourdes et de la drogue pour mener à bien ses activités illicites. Certaines drogues, comme la cocaïne et le crack, considérées comme les plus consommées, proviennent principalement de Bolivie, du Pérou, de Colombie, du Paraguay, du Venezuela et traversent mystérieusement les frontières. Que ce soit par voie aérienne, terrestre ou maritime, la drogue et les armes finissent entre les mains des trafiquants.

Le Département d'État des États-Unis, par l'intermédiaire du Conseil consultatif pour la sécurité à l'étranger, sur la situation de violence à Rio de Janeiro, définit que tous les quartiers de Rio sont sujets à des activités criminelles. Mais parmi eux se trouvent des zones urbaines non gouvernées appelées favelas (parfois appelées communautés), qui sont souvent visuellement distinctes des quartiers plus riches. Les gangs de la drogue dominent ces zones; des affrontements armés entre trafiquants de drogue et police se produisent fréquemment (disponible sur https://www.osac.gov/Country/Brazil/Content/Detail/Report/ca6883fb-1b88-4f9b-ac8b-15f4aecccd22>, consulté le 20 août 2020).

Le gouvernement de l'État de Rio de Janeiro a lancé il y a dix ans un "programme de pacification des favelas" pour placer les favelas sous le contrôle systématique du gouvernement et de la police. A ce jour, plus de 30 favelas (situées principalement dans la partie sud de la ville) ont été « pacifiées », mais cette stratégie n'a donné que des résultats modestes faute de moyens. En 2017, les crimes violents à Rio de Janeiro ont augmenté au point de devenir un problème de sécurité nationale.

En février 2018, le président brésilien Michel Temer a autorisé les forces armées brésiliennes à intervenir directement dans la sécurité publique de l'État de Rio de Janeiro, en recourant à des opérations militaires et policières conjointes, à la planification stratégique et au partage de renseignements dans le but de réprimer la violence et de reconstruire. l'application de la loi de l'État.

Cet auteur a participé à de nombreuses reprises aux opérations militaires à Rio de Janeiro, et de sa propre expérience, il est possible d'affirmer que la situation tactique des affrontements entre les forces armées et les criminels à Rio de Janeiro ressemble à un conflit armé en raison de sa l'intensité et la durée, ainsi que l'organisation, la formation et le soutien logistique des groupes armés.

Ce sont des cas de création d'États parallèles au sein de l'État brésilien, et les gouvernements locaux sont indifférents ou incapables de se battre. Ainsi, les citoyens qui vivent dans ces points noirs ne bénéficient pas des protections de l'État de droit au Brésil et vivent dans la peur constante, sous les lois arbitraires des chefs de groupes narco-terroristes, qui n'ont pas été élus par la population, mais imposent leur autorité avec la puissance des armes et appuyées par les profits du trafic.

Autre exemple : les actes de violence organisée dans l'État de São Paulo, l'État le plus peuplé et le plus riche du Brésil, du 12 au 17 mai 2006, perpétrés par le groupe criminel PCC illustrent la nécessité de définir le terrorisme comme un événement légal pour l'application du DIH. Cette attaque terroriste a été caractérisée par une rébellion coordonnée dans 73 prisons et neuf prisons publiques de la ville de São Paulo. Quatre-vingt-dix bus ont été incendiés dans 32 villes différentes, il y a eu des attaques contre des postes de police, des pompiers, des gardes municipaux, des membres de la famille des policiers, des agents pénitentiaires, des agents de sécurité privés et des civils, à l'aide de grenades, de bombes artisanales et de mitrailleuses. Au cours de la période, il y a eu 128 morts et 59 blessés (Disponible sur

<http://g1.globo.com/sao-paulo/noticia/2016/05/ha-dez-anos-sao-paulo-paru-durante-serie - de-attacks-against-police-and-civis.html > consulté le 20 août 2020).

La propagation de rumeurs et de mensonges dans les médias sensationnalistes, combinée à l'absence d'informations du gouvernement de São Paulo, a généré un profond sentiment de panique dans la population et un climat de terrorisme, comme en témoignent l'actualité médiatique nationale et internationale.

Il faut souligner que le gouvernement brésilien ne considère pas cet événement comme un acte terroriste, mais seulement comme un crime commis par une organisation criminelle. Cependant, il existe des informations provenant d'une source fiable selon lesquelles le gouvernement et le groupe PCC ont convenu d'une trêve et de conditions spécifiques des chefs de l'organisation en ce qui concerne le régime pénitentiaire.

Ces affaires précisent qu'il n'est pas approprié de traiter les narcoterroristes comme des criminels de droit commun, avec tous les droits et garanties des citoyens, tels que l'habeas corpus, l'inviolabilité des télécommunications, l'inviolabilité du domicile, l'interdiction de la détention au secret et d'autres garanties de droits pour tous les citoyens.

Une approche plus appropriée consiste à reconnaître que ces groupes criminels ont formé des États fantômes (connus sous le nom de *Black Spots*) à l'intérieur du pays et en dehors de l'État de droit. Ce changement de paradigme juridique se manifeste lorsque le groupe criminel a la capacité de commettre des attentats terroristes et les exécute dans le but principal de poursuivre ses activités criminelles sans être dérangé par les forces de sécurité.

12. CONCLUSION

Le crime organisé est communément appelé Parallel Power, compte tenu des diverses formes utilisées par ces groupes pour poursuivre leurs activités illégales en dehors de la loi. Blanchiment d'argent, encaissement de produits du crime, corruption d'agents publics, toutes ces pratiques sont pratiquées depuis longtemps par des criminels pour profiter des résultats de leurs crimes.

Cependant, chaque crime est un défi à l'ordre juridique, car il y aura toujours des gens qui ne se soumettent pas à la loi, c'est pourquoi l'État a le pouvoir légitime d'utiliser des moyens violents pour garantir l'ordre public. Il est clair que l'usage de la violence est un monopole de l'État et que les citoyens ne doivent pas chercher à se faire justice eux-mêmes de peur de retourner à la barbarie des temps anciens.

Mais il y a des crimes commis avec l'intention spécifique de modifier ou de détruire tout le système juridique en vigueur, afin de permettre aux gens d'accéder au pouvoir politique, sans respecter le processus démocratique, sans aucun engagement envers l'intérêt public, c'est-à-dire l'économie le progrès. communauté, la paix dans la société et le bien-être des citoyens.

Dans ce cas, il ne s'agit plus de crimes contre la personne ou le groupe d'individus, mais de crimes contre l'État, appelés aussi crimes contre la patrie. Le terrorisme, en tant qu'instrument modifiant les rapports de force, a pour objectif principal la soumission du pouvoir démocratiquement constitué à un autre pouvoir, celui des organisations terroristes, les morts et les biens détruits n'étant que des objectifs secondaires.

Si c'est l'état de droit que le terrorisme cherche à soumettre, c'est l'état de droit qui doit être protégé contre cette forme de criminalité. En conséquence, tous les citoyens concernés verront certainement leur vie, leur santé et leurs biens protégés contre les attaques terroristes, car il est du devoir de l'État de garantir ces droits fondamentaux à toutes les personnes sous sa garde.

Lorsqu'un migrant entre dans un pays pour y vivre, travailler, étudier et contribuer d'une manière ou d'une autre à l'amélioration de la société dans laquelle il est inséré, il est nécessaire de s'adapter aux lois de l'État, même si elles sont contraires aux coutumes de son origine. Pour habiter le territoire, il faut se soumettre à sa Souveraineté et, sans cette base, le multiculturalisme devient une mosaïque culturelle dénuée de sens, sujette aux frictions sociales (VEGA, 2020).

Cette mosaïque déconnectée présente un environnement propice à la création de citoyens sans protection gouvernementale de facto, et le vide du pouvoir dans ces zones d'exclusion est rapidement repris par des groupes criminels. Si l'État ne les combat pas, ou s'ils en profitent à des fins électorales, ils vont certainement grandir au point de menacer tous les citoyens et l'État de droit là où ils vivent.

Lorsque ce groupe commet un acte susceptible de déstabiliser l'ordre juridique en vigueur, tel qu'un attentat terroriste, ce groupe constitue non seulement une menace pour un citoyen ou un groupe de citoyens, mais pour tous les citoyens qui jouissent des garanties démocratiques de vivre en communauté.

A. P. Schmid, chef du Bureau des Nations Unies pour la prévention du terrorisme, définit le terrorisme comme "l'équivalent en temps de paix d'un crime de guerre". (apud MEDHURST, 2008). Dans l'histoire de l'humanité, un attentat terroriste a déclenché un conflit armé à plus d'une occasion.

Le 28 juin 1914, Gavrilo Princip, membre du groupe terroriste Black Hand, a tiré et tué l'archiduc François-Ferdinand d'Autriche et sa femme. Le même jour, le père de la victime, l'empereur d'Autriche-Hongrie François-Joseph, déclare la guerre à la Serbie. Trente jours plus tard, dans un effet domino, la Première Guerre mondiale éclate (MEDHURST, 2008).

Les attaques des musulmans contre les pèlerins européens en route vers Jérusalem ont été l'une des raisons pour lesquelles le pape Urbain II a convoqué les fidèles chrétiens à commencer les croisades, afin de permettre le libre accès à la ville sainte sans danger d'agression, de mort et d'autres désagréments (MORAL , 2020).

En conclusion, l'acte terroriste, remplissant les conditions déjà présentées, peut être considéré comme l'événement juridique qui permet de reconnaître que le groupe criminel est désormais un groupe révolutionnaire et, par conséquent, les normes juridiques qui ordonnent sa confrontation sont le Droit International des Conflits Armés / Droit International Humanitaire, similaire à la guérilla, en vue de défendre l'État-nation et de poursuivre les criminels de guerre potentiels conformément au droit international.

Pour déclencher un conflit armé, au moins une des parties doit déclarer l'état de belligérance. Certes, un attentat terroriste, comme indiqué ci-dessus, équivaut à une telle déclaration. Il est vrai que tous les actes de terrorisme n'ont pas la capacité de déclencher un conflit armé, mais un événement de cette nature ne peut être ignoré par le gouvernement local ou la communauté internationale, pour être correctement rejeté et permettre aux citoyens concernés de vivre dans une société sans crainte.

Une attention particulière doit être accordée aux aspects de la guerre légale dont les groupes terroristes profitent pour obtenir plus d'avantages pour leurs objectifs, tant au niveau tactique que dans les garanties fondamentales du citoyen, non applicables aux combattants ou aux terroristes, ainsi qu'au niveau un niveau stratégique, comme les dénonciations que le gouvernement est autoritaire et opprime la population pour combattre le groupe terroriste.

Dans le passé, les menaces à la paix et à la sécurité internationales étaient traitées par chaque pays séparément, en fonction de sa capacité militaire et de ses possibilités financières. Or, aujourd'hui, la communauté internationale doit combattre ces menaces dans des pays qui n'ont pas assez de ressources pour y faire face (pays en faillite), car elle peut donner une légitimité et une unité d'efforts pour combattre tous ceux qui ne sont pas intéressés par la paix et la démocratie, mais par conflit et dans la prise du pouvoir.

Le terrorisme est une menace à la souveraineté de l'État et, par conséquent, à l'existence d'une Nation. Qu'elle soit petite ou grande, qu'elle soit la victime d'un État fort ou défaillant, elle sera considérée comme une menace à la paix et à la sécurité internationales et un crime au regard du droit international, qui doit être combattu de manière tactique et stratégique.

En conclusion, la lutte contre le terrorisme est le défi de la communauté internationale en ce siècle. La doctrine propre du terrorisme en tant que crime de droit international et l'application du droit international humanitaire pour prévenir et combattre ce crime, en particulier dans les pays dont la paix est affaiblie ou fragile, sont une excellente occasion d'avoir une politique antiterroriste de grande envergure.

RÉFÉRENCES BIBLIOGRAPHIQUES

ARBOUR, Louise, "Economic and social justice for societies in transition", International Journal of Law and Politics, 2010.

AUGUSTO, Agnaldo Del Nero. A Grande Mentira. Editora Bibliex, 2001

BALMOND, Louis. Droit du recours à la force. Université de Nice, 2010.

BOBBIO, Norberto. As Ideologias e o Poder em Crise. Pluralismo, Democracia, Socialismo, Comunismo, Terceira Via e Terceira Força. Trad. João Ferreira. São Paulo: Editora Polis, 1988.

BROWNLIE, Ian. Principles of Public International Law. Oxford Press, 2008.

CARVALHO, Leandro. "Guerrilhas na América Latina"; Brasil Escola. <https://brasilescola.uol.com.br/historia-da-america/guerrilhas-na-america-latina.htm> accessed on July 10, 2020

CIETTO, Rogerio. Combating the Good Combat – How to Fight Terrorism with a peacekeeping mission. Disponível em <www.peaceopstraining.org> accessed on July 10, 2020

BRASIL, REPÚBLICA FEDERATIVA DO, Lei 13.260, de 16 de março de 2016. Available at <http://www.planalto.gov.br/ccivil_03/_ato2015-2018/2016/lei/l13260.htm> accessed on July 10, 2020.

_____. Decreto 10.030, de 30 de septiembre de 2019, Regulación de Productos Controlados (R-105), available at <www.planalto.gov.br>, accessed on November 20, 2018.

DALLARI, Dalmo de Abreu. Elementos de Teoria Geral do Estado. 20. ed. Saraiva, 1998.

D'ARC, Moizés. O direito como instrumento de combate. Accessed on 20 August 2020 at <https://revista.mpm.mp.br/artigo/artigos-ineditos-o-direito-como-instrumento-de-combate/

DUNLAP Jr, Charles. Guerra jurídica – uma introdução. Accessed on 20 August 2020 at <https://www.armyupress.army.mil/Portals/7/military-review/Archives/Portuguese/4thQtr17/a-guerra-juridica-uma-introducao.pdf>

FRANCISCO, Wagner de Cerqueira e. "Farc"; <https://brasilescola.uol.com.br/historia/farc.htm> Accessed on 10 July 2020.

GLOBO, Portal de Noticias. Available at <http://g1.globo.com/sao-paulo/noticia/2016/05/ha-dez-anos-sao-paulo-parou-durante-serie-de-ataques-contra-policiais-e-civis.html> Accessed on 20 August 2020.

______. Disponível em <https://g1.globo.com/politica/noticia/2019/01/27/cronologia-atentado-contra-jair-bolsonaro.ghtml>. Accessed on 20 August 2020 at .

INTERNATIONAL LEGAL PROTECTION OF HUMAN RIGHTS IN ARMED CONFLITS, Disponível em <www.un.org>

KELSEN, Hans. Teoria Geral do Direito e do Estado. 4. ed. São Paulo: Martins Fontes, 2005.

LA JUSTICE TRANSITIONNELLE – UNE VOIE VERS LA RÉCONCILIATION ET LA CONSTRUCTION DE LA PAIX DURABLE, disponible el <www.un.org>, accessed on 20 August 2020 at

LA RESPONSABILITÉ DE PROTÉGER. Rapport de la Commission Internationale de l'Intervention et de la Souveraineté des États. Centre de Recherches pour le Développement International, 2001.

LEAL, Guillermo Calleja. Derecho Internacional de los Derechos Humanos y Derecho Operacional. Universidad Antonio de Nebrija, 2020.

MAQUIAVEL, Nicolau, O Príncipe. Ed. Cia das Letras, 1999.

MARQUES, Arquimedes José Melo. A polícia, a legislação e o Poder Paralelo https://www.infoescola.com/sociedade/a-policia-a-legislacao-e-o-poder-paralelo/> accessed on July 10, 2020

MARTINEZ, Rafael Matamoros. Justicia Internacional y Derechos Humanos. Universidad Antonio de Nebrija, 2020.

MEDHURST, Paul. Global Terrorism. Peace Operations Training Institute, 2008.

MEYROWITZ, Henri. Le principe de l'egalité des belligérants devant le droit de la guerre. Université de Nice, 2010.

MILLET-DEVALLE, Anne-Sophie. Religions et Droit International Humanitaire. Université de Nice, 2010.

MIRANDA, Jorge. Manual de Direito Constitucional. Tomo III. Estrutura Constitucional do Estado. Editora Coimbra, 1983

MORAL, Daniel Rey. Derecho Internacional Humanitário y Derechos Operacional. Universidad Antonio de Nebrija, 2020.

SECONDAT, Charles de (Baron de Montesquieu). L'esprit des lois. Université de Nice, 2010.

MOULIER, Isabelle. La répression des crimes de Droit International. Université de Nice, 2010.

PROGRAMME HUMANMED. Guerre Asymétrique et droit international humanitaire, possibilités de dévellopement. Université de Nice, 2010.

RAM, Sunil. The History of United Nations Peacekeeping Operations From Retrenchment to Resurgence: 1997 to 2006. Peace Operations Training Institute, 2008.

REPORT OF THE INTERNATIONAL COMMISSION OF JURISTS, Assessing Damage, Urging Action. Report of the Eminent Jurists Panel on Terrorism, Counter-Terrorism and Human Rights. Université de Nice, 2008, pg. 83.

ROMANI, Carlo; SCIARETTA, Massimo. História Contemporânea, v 1 e 2. CECIERJ, 2011.

RONA, Gabor. Interesting Times for International Humanitarian Law: Challenges from the War on Terror. Université de Nice, 2010.

ROTH, Kenneth. The Law of War in the War on Terror. Université de Nice, 2010.

ROUSSEAU, Jean-Jacques. Du Contrat Social. Université de Nice, 2010.

UNITED NATIONS. Security Council Resolutions and other UN documents. Disponível em <www.un.org>. accessed on 20 August 2020.

UOL, Portal de Notícias. Disponível em <https://noticias.uol.com.br/politica/eleicoes/2018/noticias/2018/09/22/crime-organizado-nas-eleicoes-faccoes-criminosas-do-brasil-na-politica.htm> Accessed on August 20, 2020.

VEGA, Ignacio Matalobos González de la. Multiculturalismo, Globalización y Cidadania. Universidad Antonio de Nebrija, 2020.

VEJA, Portal de Notícias. Disponível em <https://veja.abril.com.br/brasil/bolsonaro-terror-capa-veja/> accessed on 20 August 2020.

VEUTHEY, Michel. Perspectives et propositions pour mieux faire respecter le droit international humanitaire. Université de Nice, 2010.

WEBER, Max. A Política por Vocação. Munique, 1919.

WILKERSON, Philip R., RINALDO, Richard J. Principles for the Conduct of Peace Support Operations. Peace Operations Training Institute, 2008.

WOODS JR, Thomas E. Como a Igreja Católica construiu a civilização ocidental. Quadrante, 2014.

###

Ce livre représente l'opinion de l'auteur et rien d'autre ; il ne représente pas l'opinion d'un gouvernement, d'une organisation ou d'un tiers.

De même, il ne contient pas d'informations sensibles ou confidentielles. Je respecte toujours les règles.

Merci de l'intérêt que vous portez à la lecture de ce livre. Ma sincère reconnaissance.

Il est certain que beaucoup de gens ne seront pas d'accord avec moi, comme c'est souvent le cas dans toute discussion juridique... J'aimerais donc connaître votre point de vue.

N'hésitez pas à envoyer vos suggestions, commentaires et opinions à rogeriocietto@gmail.com, Sujet Le Fusil du Fusil. Votre email est le bienvenu.

J'ai le regret de vous informer que vous ne me trouverez pas sur Facebook, Twitter, Orkut ou tout autre moyen.

Quelques informations sur moi :

Éducation académique

1998 - 2002 - Licence en Droit.

Faculté de droit de l'Itu, Faditu, Brésil

2004 - 2005 - Post-diplôme en Droit Fiscal.

Faculté de droit de l'Itu, Faditu, Brésil

2008 - 2008 - Post-diplôme d'Applications Complémentaires aux Sciences Militaires - Droit.

École d'Administration de l'Armée, EsAEx, Salvador, Brésil

2009 - 2010 - Master (Spécialisation) en Droit International Humanitaire

Programme HUMANMED - Université de Nice, France

2011 - 2012 - Qualification professionnelle en opérations de paix

Institut de formation aux opérations de paix, États-Unis d'Amérique

2016 – 2016 – Cours de Perfectionnement Militaire en Droit

École de Perfectionnement de l'armée brésilienne

2018 – 2019 – Diplôme de troisième cycle en droit militaire

Centre universitaire Sul de Minas, Brésil

2020 - 2021 – Master Universitaire en DDHH, DIH et Droit Opérationnel

Université Antonio de Nebrija, Espagne

Organisations militaires où j'ai été :

2008 - École d'Administration de l'Armée, Salvador, Brésil

2009 - 8ème Région Militaire, Forêt Amazonienne, Belém, Brésil

2010 – Amapá Border Company, Oiapoque, Brésil

2011 - Département d'Ingénierie et de Construction, Brasilia, Brésil

2012 - Bataillon brésilien en Haïti, Port-au-Prince, Haïti

2013 - Commandement des opérations spéciales, Goiânia, Brésil

* 9 7 9 8 2 3 0 4 1 9 8 6 0 *